Saggi

SERGIO RIZZO

Potere assoluto

I cento magistrati che comandano in Italia

SOLFERINO

SOLFERINO

www.solferinolibri.it

Published by arrangement with The Italian Literary Agency

ISBN 978-88-282-0853-2
Prima edizione: febbraio 2022

Potere assoluto

1

L'importante è partecipare

Forza Juve

Giornata nera, mercoledì 14 ottobre 2020. La seconda ondata del Covid-19, che nell'estate delle discoteche aperte è stato dato troppo in fretta per spacciato, mostra la faccia feroce. Il Regno Unito e la Francia si risvegliano con nuovi contagi a decine di migliaia e gli Stati Uniti sono prossimi all'ecatombe. E mentre l'Irlanda chiude i pub, il governo francese dichiara il coprifuoco e Cristiano Ronaldo viene recapitato a Torino con l'aeroambulanza dal Portogallo, dopo che pure lui si è beccato il virus versione lusitana, a Napoli si prega san Gennaro. Non soltanto per arginare l'epidemia che registra in Campania il record di infettati, non soltanto per scongiurare l'invasione delle terapie intensive negli ospedali al collasso, non soltanto per salvare i moribondi. Si prega anche nella speranza di evitare al Napoli una sconfitta a tavolino con la Juventus. Dieci giorni prima, il 4 ottobre, è in programma a Torino una partita della vita: Juventus-Napoli. La squadra di Aurelio De Laurentiis, però, non si presenta. Due giocatori sono contagiati, e per precauzione la Asl napoletana vieta la trasferta torinese. Date le circostanze, il rischio del 3-0 a tavolino sembra inverosimile. Sempre meglio, tuttavia, affidarsi a un santo protettore. E se non san Gennaro, che di sicuro ha matasse più importanti da sbrogliare, ci pensi almeno san Gerardo. Ovvero, colui che già una volta ha fatto il miracolo.

Corre l'anno 2013 e da certe indagini prende corpo il profumo di un biscotto fra alcuni giocatori tentato, ma non riuscito, in una partita di tre anni prima. La partita è Sampdoria-Napoli. E il Napoli se la vede brutta. Invocando la responsabilità oggettiva della squadra partenopea l'accusa chiede due punti di penalizzazione in classifica e squalifiche a rotta di collo. Ma il giudice sportivo della Lega Serie A respinge la tesi e decreta a sorpresa la piena assoluzione. Il suo nome è Gerardo Mastrandrea, classe 1964, romano di nascita. Da ragazzo giocava a basket in serie C e il giudice sportivo lo fa, gratis, da un sacco di tempo. Ragion per cui esibisce con orgoglio una Stella di bronzo del Coni al merito sportivo. Anche se non si capisce bene dove trovi il tempo per occuparsi di una cosa tanto impegnativa, visto che non solo le decisioni del giudice sportivo della serie A sono numerosissime e delicate, ma lui fa pure un altro lavoro, all'apparenza non meno impegnativo. Mastrandrea è magistrato in una magistratura tutta speciale, la magistratura amministrativa. Quella che si occupa dei rapporti, talvolta assai conflittuali, fra lo Stato, le amministrazioni pubbliche e i privati. Ne fanno parte meno di 500 persone: 350 nei Tar, i Tribunali amministrativi regionali, e circa 130 al Consiglio di Stato, che è il secondo e definitivo grado di giudizio, perché qui l'estremo passaggio in Cassazione non è contemplato, salvo casi eccezionali. Nel momento in cui risparmia al Napoli una batosta quasi scontata, nel 2013, Mastrandrea è un consigliere di Stato. Lo è da quando aveva 35 anni, nel 1999. Sta in una stanza vicina a quella di Mario Ciaccia, viceministro delle Infrastrutture del governo di Mario Monti. La stessa che occupa ininterrottamente da cinque anni come capo dell'ufficio legislativo del ministero. Per capirci, è lui che scrive materialmente le leggi di quel settore, come quelle sugli appalti. E non è nemmeno la prima volta. Ha cominciato con il viceministro ai Trasporti Mario Tassone nel 2004, governo Berlusconi, e non ha più smesso. Da Tassone al ministro di An Altero Matteoli e al suo successore Maurizio Lupi, per arrivare al dicastero dell'Economia retto da Roberto Gualtieri e in seguito da Daniele Franco, ministro nel governo Draghi. Coordinatore degli uffici legislativi del ministero dell'Economia, nientemeno.

Nel cuore del potere

Perché i consiglieri di Stato sono magistrati, verissimo. Però magistrati assolutamente *sui generis*. Così *sui generis* che molti di loro non fanno nemmeno quel lavoro. Fra tutti i 10mila e passa magistrati italiani sono quelli più vicini alla politica. Al punto da indirizzarne talvolta le scelte importanti. Gli spetta per legge il compito di esprimere pareri e suggerimenti sulle iniziative del governo. Pareri e suggerimenti, si badi bene, talvolta vincolanti. Al tempo stesso, nei panni di giudici, hanno il potere di emettere sentenze su ogni causa che contrapponga la società civile alla pubblica amministrazione. E anche di più. Controllano i grandi appalti e gli affari delle imprese private e di Stato, senza contare le misure adottate dalle autorità indipendenti. Nomine e avanzamenti di carriera di funzionari statali, dispute territoriali, controversie sui servizi pubblici. Possono controllare perfino il destino dei colleghi giudici e procuratori della Repubblica, che si devono rivolgere a loro per i ricorsi contro le decisioni del Consiglio superiore della magistratura riguardanti le carriere. Ma il vero asso nella manica è la possibilità di assumere incarichi diversi da quelli strettamente giudiziari, andando «fuori ruolo». Significa che continuano a prendere lo stipendio svolgendo altri incarichi istituzionali, magari con una gratifica per il disturbo di cambiare ufficio, e intanto entrano nella stanza dei bottoni a contatto diretto con i politici che contano.

E qui viene l'aspetto più interessante. Perché proprio quel genere di incarichi «fuori ruolo» li ha trasformati negli uomini più potenti del Paese. Hanno in mano i ministeri, che i ministri gli danno volentieri in gestione chiamandoli a fare i capi di gabinetto. Spesso senza nemmeno averli scelti, ma essendo stati scelti, perché più potenti loro dei ministri. Hanno in mano perfino il processo legislativo della nostra democrazia, visto che, come esperti giuridici dei ministri, scrivono le leggi e ne gestiscono il funzionamento attraverso decreti attuativi predisposti da loro stessi.

Nel governo di Mario Draghi ce ne sono undici: il 10 per cento dell'intero Consiglio di Stato. E non sono magistrati qualsiasi. Occupano molti posti chiave, a cominciare dal vertice dello Stato. Cioè Palazzo Chigi. Il sottosegretario alla presidenza del Consiglio, la figura politica più importante perché braccio operativo del premier, è Roberto Garofoli. Il segretario generale di Palazzo Chigi, cioè il capo dell'amministrazione più potente del Paese, risponde al nome di Roberto Chieppa, figlio dell'ex presidente della Corte costituzionale Riccardo Chieppa. Capo del dipartimento Affari giuridici è Carlo Deodato, consigliere di Stato che ha avuto la stessa funzione nel governo di Enrico Letta. Predecessore di Deodato è Ermanno De Francisco, chiamato da Giuseppe Conte. Perché in quella stanza della presidenza, da cui escono i disegni di legge e i decreti del governo, c'è sempre stato un consigliere di Stato. Le eccezioni, come per esempio Roberto Cerreto, il funzionario parlamentare che l'ha occupata durante il breve governo di Paolo Gentiloni, pure esistono. Ma si contano sulle dita di una mano.

Nel 2021 le tre posizioni di maggior peso nel cuore del potere sono dunque occupate da consiglieri di Stato. Idem al ministero più importante, quello che ha il cordone della borsa. Il gabinetto del ministero dell'Economia occupato dall'ex Bankitalia Daniele Franco è guidato da Giuseppe Chiné. Mentre gli uffici legislativi sono affidati, oltre che a Mastrandrea, ad Alfredo Storto e Glauco Zaccardi: il quale non è consigliere di Stato ma un magistrato ordinario figlio di Goffredo Zaccardi, lui sì già consigliere di Stato, ora in pensione, capo di gabinetto del ministero della Salute fino al settembre 2021. Zaccardi junior è stato il solo di quella struttura a conservare la poltrona con il passaggio di consegne al ministero da Roberto Gualtieri a Franco. Mastrandrea ha rilevato la sua collega Francesca Quadri, e Storto è arrivato al posto di Hadrian Simonetti, consigliere di Stato legatissimo a Ermanno De Francisco.

Ma andiamo avanti. Raffaello Sestini ha l'incarico di vicecapo di gabinetto di Roberto Cingolani, titolare del ministero della Transizione ecologica, dove il responsabile delle leggi era fino al novembre 2021 il presidente di sezione del Consiglio di Stato Claudio Contessa. Il ministro dell'Istruzione Patrizio Bianchi ha come capo di gabinetto Luigi Fiorentino. Al ministero della Salute di Roberto Speranza, da due anni impegnato nella lotta alla pandemia, la stesura dei testi di legge è compito del consigliere di Stato Luca Monteferrante. Capo dell'ufficio legislativo del ministro del Turismo, Massimo Garavaglia, è Roberto Proietti. La sua collega Antonella Manzione è consigliere giuridico della ministra della Famiglia Elena Bonetti. Prima della sua nomina a consigliere di Stato ha guidato l'ufficio legislativo di Palazzo Chigi con Matteo Renzi.

Il Consiglio di Stato è il nocciolo duro del potere. Un piccolo blocco granitico, intoccabile e soprattutto autoreferenziale, in quella «ultracasta» che è la magistratura, come l'ha definita nel 2009 un magnifico libro del giornalista dell'«Espresso» Stefano Livadiotti. Nel senso che la spartizione degli incarichi di potere, quasi tutti invece inibiti ai magistrati ordinari, è un fatto interno sul quale nessuno può mettere bocca. E dal vertice dello Stato il suo potere si spande a macchia d'olio in tutte le pieghe della nostra società. Fino ad arrivare anche allo sport. E al calcio.

San Gerardo non fa il miracolo

Torniamo allora a quel 14 ottobre 2020, quando le preghiere di molti napoletani si rivelano inaspettatamente vane. Perché san Gerardo, stavolta, il miracolo atteso non lo fa. Anzi. Se di miracoli si deve parlare, il suo è un miracolo al contrario. Con supplemento a tutto vantaggio degli avversari del Napoli. Il consigliere di Stato Gerardo Mastrandrea infligge alla squadra di De Laurentiis non soltanto la sconfitta a tavolino per 3-0, ma la condisce per sovrapprezzo con la penalizzazione di un punto in classifica. «Il Napoli scelse di non giocare» sentenzia il giudice sportivo che è in lui.

Il verdetto brucia. La città è in rivolta, De Laurentiis mastica amaro. Ma bisogna tenere i nervi saldi: si può sempre fare ricorso alla Corte federale d'appello.

E chi è lì il presidente? Manco a dirlo, un altro consigliere di Stato. Si chiama Mario Torsello. Presidente di sezione, per ben due volte è stato segretario generale. Un grosso calibro, insomma. Che sia lui a fare il miracolo? Macché. Purtroppo anche la Corte federale d'appello spegne le speranze di rivalsa del Napoli in un amen. Giusto il tempo per accogliere la tesi del consigliere di Stato Mastrandrea e confermare la condanna. Quelli del Napoli sono furibondi: non vogliono credere a quanto sta succedendo. La rabbia attraversa i Quartieri spagnoli, imbocca via Caracciolo e s'inerpica fino a Posillipo. Resta tuttavia ancora una chance estrema. Il Collegio di garanzia dello sport del Coni, ovvero una specie di Cassazione generale di livello superiore agli organi di giustizia delle federazioni sportive. Che comunque fanno sempre parte dello stesso Comitato olimpico.

E chi è il presidente? Un terzo consigliere di Stato che spunta in questa assurda vicenda: Franco Frattini, ex maestro di slalom speciale sugli sci, in seguito specializzatosi nello slalom di Palazzo. È stato socialista e consigliere giuridico dell'ex delfino craxiano Claudio Martelli. Quindi segretario generale di Palazzo Chigi con il debutto di Silvio Berlusconi al governo. Poi ministro della Funzione pubblica nel governo di Lamberto Dini. Quindi deputato di Forza Italia, di nuovo ministro della Funzione pubblica e degli Esteri nel governo di Silvio Berlusconi nonché commissario europeo indicato dal Cavaliere. Berlusconiano a trazione integrale, completata la parabola politica torna a Palazzo Spada per assumere il prestigioso ruolo di presidente aggiunto. Il numero due del Consiglio di Stato, ma il numero uno negli organi della giustizia sportiva del Coni. E con questo cappello in testa un giorno di gennaio del 2021 sconfessa i suoi colleghi del Consiglio di Stato Mastrandrea e Torsello cancellando le loro sentenze di primo e secondo grado. Il miracolo per il Napoli, stavolta, lo fa san Franco.

Consiglieri nel pallone

Dice molto, in epoca Covid, l'assurda vicenda della partita fra la Juventus e il Napoli a proposito dell'influenza che quella magistratura esercita sullo sport più amato, da sempre anche una formidabile leva di consenso e potere. Un'influenza crescente. Perché se nel 2006 i magistrati di vari ordine e grado, ma con eccezione di quelli ordinari, coinvolti negli organi della giustizia sportiva erano 55, nel 2021 sono diventati 66, con un aumento secco del 20 per cento. Ci sono ben 21 consiglieri di Stato: uno su cinque. E 27 giudici dei Tar, con la conseguenza che i tre quarti dei magistrati in servizio che si occupano anche di gestire la giustizia sportiva arrivano dalla magistratura amministrativa. Sono la bellezza di 48, più alcuni pensionati eccellenti. Come Corrado Calabrò, già capo di gabinetto di non si sa quanti ministri, presidente del Tar Lazio e dell'Autorità per le garanzie nelle comunicazioni, garante al Coni del codice di comportamento sportivo. O Pasquale de Lise, a sua volta destinatario di una quantità innumerevole di incarichi ministeriali, anch'egli presidente del Tar Lazio e presidente del Consiglio di Stato nonché componente del comitato etico dell'Agcom, allora guidata dal suo collega Calabrò, alla testa della commissione federale di garanzia della Federcalcio. Oppure l'ex capo del Sisde Vittorio Stelo, nominato consigliere di Stato nel 2004 dal governo di Silvio Berlusconi.

Ai magistrati amministrativi che sommano (pressoché tutti gratuitamente) il mandato negli organi di giustizia sportiva ai compiti per cui sono stipendiati si devono aggiungere 14 consiglieri della Corte dei conti, due magistrati tributari e due giudici militari.

La maggior parte di loro gira intorno al pallone. Dei 66 magistrati di cui sopra ben 42 sono negli organi di giustizia sportiva di una sola delle 44 federazioni sportive affiliate al Coni, ossia la Federcalcio: 13 consiglieri di Stato, 19 giudici dei Tar, 9 contabili e un militare. Altri 14 li troviamo, appunto, al Coni: 6 consiglieri di Stato, 4 dei Tar, 3 della Corte dei conti e uno della Procura militare. Se poi calcoliamo i 4 magistrati in forza all'antidoping, non ne restano che 6 nelle 43 federazioni diverse dalla Figc.

Magistrati ordinari, al contrario, zero carbonella. O meglio: ci sono anche loro, ma pensionati. Nel 2006, l'ex procuratore di Milano e simbolo di Mani pulite Francesco Saverio Borrelli venne incaricato dal commissario della Federcalcio Guido Rossi di guidare l'ufficio indagini della federazione durante lo scandalo di «Calciopoli». E dopo si ritrovò a capo della commissione di garanzia della Figc. Alla federazione di atletica leggera c'è l'ottantenne Raffaele Guariniello, in qualità di presidente della Commissione di garanzia, magistrato famoso per le inchieste di fine anni Novanta sul doping nel mondo del calcio. Mentre Giancarlo Armati, classe 1935, è nel collegio di garanzia dello sport del Coni: nel suo sterminato curriculum ricorda come all'inizio degli anni Novanta fosse stato nominato presidente della commissione del Coni per le indagini sul doping, incarico che dovette interrompere perché il Consiglio superiore della magistratura non gli concesse l'autorizzazione. A riprova che il Csm ha sempre maldigerito la commistione fra l'attività di magistrato e gli incarichi di altro tipo, non esclusi quelli sportivi.

La ragione non è campata per aria. La giustizia sportiva e quella ordinaria seguono due percorsi molto differenti, e la sovrapposizione delle rispettive funzioni nella stessa persona potrebbe causare qualche imbarazzante cortocircuito.

Il monumento de Lise

E dire che per i magistrati ordinari il rischio del cortocircuito sarebbe decisamente meno probabile rispetto a quello che invece corrono i loro colleghi del Tar e del Consiglio di Stato. Basta osservare come le sentenze delle corti federali, una volta esauriti tutti i gradi di giudizio sportivo, possano venire impugnate davanti ai Tribunali amministrativi e al Consiglio di Stato. Dove l'eventualità che a giudicare il ricorso venga designata la stessa persona che ha emesso la sentenza sportiva è tutt'altro che remota. E se non proprio la stessa, che deve astenersi per incompatibilità, magari uno stretto collega, un amico, un magistrato subordinato gerarchicamente. Tanto è piccola quella casta, che le sovrapposizioni fra giustizia sportiva e amministrativa sono all'ordine del giorno.

Ma il cortocircuito può assumere anche altre forme.

Maggio 2008, il futuro presidente del Consiglio di Stato Pasquale de Lise è alla guida del Tar Lazio. È il Tribunale amministrativo più importante del Paese, perché ci finiscono tutte le cause che riguardano gli apparati statali. Anche i ricorsi contro le decisioni della Consob, come quello presentato qualche tempo prima dal padrone della Lazio Claudio Lotito e da Roberto Mezzaroma, imprenditore di quella famiglia di costruttori che si appresta a comprare il Siena calcio, nonché imparentato con lo stesso Lotito. La commissione che vigila sulla Borsa ha contestato ai due l'esistenza di un patto occulto per acquistare da Capitalia azioni della Lazio, aggirando l'obbligo dell'Opa. L'accusa è pesante, anche per le possibili inevitabili sanzioni. Ma de Lise la smonta, da cima a fondo. Il presidente del Tar Lazio è uno dei magistrati più influenti negli organi di giustizia sportiva della Federcalcio, dove a sua volta il padrone della Lazio è uno dei personaggi più influenti: nel 2014 l'appoggio di Lotito risulterà determinante per nominare il capo della Lega dilettanti Carlo Tavecchio presidente della federazione calcistica.

La sentenza del Tar Lazio sul caso Lotito-Mezzaroma, favorevole al duo, è stata ribaltata nel dicembre 2009 in seguito al ricorso della Consob al Consiglio di Stato che, contrariamente alla conclusione cui era giunto de Lise, ha riconosciuto l'esistenza di quel patto occulto. Per gli strascichi giudiziari, consultare l'archivio Ansa: nell'ottobre 2019 la Cassazione ha annullato la multa di 530mila euro appioppata a suo tempo dalla Consob al padrone della Lazio.

Corte federale, commissione d'appello, presidente della commissione federale di garanzia: dal 1975, quando aveva 38 anni, de Lise non ha mai mollato il pallone. Così da ricevere dalle mani del presidente del Coni Giovanni Malagò, nel 2017, la Stella d'oro al merito sportivo.

Il club degli avvocati

Ma qui la passione per la giustizia sportiva è in un certo modo anche familiare. Presidente della terza sezione della Corte federale d'appello nazionale della Federcalcio è infatti il genero di de Lise, l'avvocato Patrizio Leozappa. Specialista della materia di cui il suocero è maestro, il diritto amministrativo, le cronache hanno parlato di lui all'epoca dell'inchiesta sugli appalti dei grandi eventi gestiti dalla Protezione civile. Il 14 settembre 2010 l'agenzia Ansa riferì che Leozappa era stato «consulente» del costruttore Diego Anemone e dell'ex presidente del Consiglio superiore dei lavori pubblici Angelo Balducci «nella controversia sugli appalti» per uno di quei grandi eventi, «i mondiali di nuoto a Roma». Interpellato in proposito dai giudici di Perugia come persona informata dei fatti, de Lise liquidò così la questione: «Fa l'avvocato e ha i clienti che ha». Nel suo curriculum l'avvocato Leozappa esibisce anche la presidenza della Camera amministrativa romana. È un'associazione senza scopo di lucro «apolitica e apartitica», informa il sito internet. Fra gli scopi associativi previsti dallo statuto c'è quello di «rafforzare i vincoli di solidarietà e colleganza fra gli avvocati amministrativisti».

Parole che potrebbero portare alla conclusione che si tratti di una specie di lobby. Fosse davvero così, sarebbe potentissima. Nel consiglio direttivo, composto da 9 persone, c'è il Gotha di quei professionisti. Da Angelo Clarizia a Stefano Vinti, da Arturo Cancrini a Marco Annoni, da Mario Sanino a Carlo Mirabile, da Luisa Torchia a Benedetto Giovanni Carbone. I soci sono ben 161. In una lista che per la dimensione dei nomi contenuti non lascia indifferenti. Nemmeno chi è appassionato di sport. Ovviamente c'è il consiglio direttivo al gran completo, a cominciare da Clarizia e Sanino, rispettivamente ex subcommissario della Federcalcio e giudice del Collegio di garanzia dello sport, la Cassazione del Coni. C'è l'avvocato Aristide Police, ultimo presidente della vecchia Alitalia prima del commissariamento nel 2008 e procuratore nazionale dello sport del Coni. C'è l'ex consigliere di Stato Alessandro Botto, già componente dell'autorità di vigilanza sugli appalti pubblici. E c'è un altro ex magistrato di Palazzo Spada del peso di Carlo Malinconico, segretario generale di Palazzo Chigi nel secondo governo di Romano Prodi e sottosegretario alla presidenza con Mario Monti. In passato Malinconico ha fatto parte della Corte federale della Federcalcio. Con il suo, nell'elenco dei soci della Camera si trova il nome dell'avvocato Sergio Fidanzia, che ha avuto una lunga collaborazione professionale con Malinconico: è esperto di diritto sportivo, avvocato del Coni e consulente dell'Ama, l'Azienda municipale che deve gestire il drammatico problema dei rifiuti di Roma. Dove ora è arrivato un altro socio di spicco dell'associazione presieduta da Leozappa. Ovvero Angelo Piazza, ex avvocato dello Stato, ex magistrato del Tar, ex ministro della Funzione pubblica nel governo di Massimo D'Alema, ex deputato socialista. Uomo che nella sua lunga carriera, a cavallo fra le istituzioni, la libera professione e la politica, ha ricoperto un numero impressionante di cariche in imprese di Stato, da Sviluppo Italia a Rete autostrade mediterranee, fino al gruppo Cassa depositi e prestiti. E aziende private, qual è l'Acqua Marcia di Francesco Bellavista Caltagirone. Di quelle cariche, nel momento in cui questo libro va in stampa, ne conserva ancora tre: consigliere di F2i, fondo di investimento che fa capo alla Cassa depositi e prestiti, consigliere della Save, la società di gestione dell'aeroporto di Venezia, Verona, Treviso e Brescia e, *dulcis in fundo*, consigliere di Ita Airways, la compagnia aerea pubblica erede della disastrata Alitalia. Il nuovo sindaco di Roma Roberto Gualtieri non ha potuto rinunciare al suo contributo e gli ha chiesto di affrontare il problema più grosso che ha la capitale d'Italia, mettendolo a capo dell'Ama.

Anche Piazza ha fondato un'associazione professionale, la AAA (che sta per Avvocati amministrativisti associati). In realtà l'hanno fondata in due: l'altro è Gennaro Terracciano, un professionista anch'egli socio della Camera amministrativa romana. Nonché presidente del Comitato di sorveglianza dell'antidoping e componente del comitato di direzione del Coni, un organismo di cui fanno parte 51 persone, fra avvocati, sportivi e professori. Come, appunto, Angelo Piazza, il quale figura anche fra i componenti della sezione disciplinare del Collegio di garanzia dello sport. Gomito a gomito, nella medesima sezione, con l'ex capo dell'ufficio legislativo di Palazzo Chigi, il consigliere di Stato Ermanno De Francisco.

Nell'elenco soci della Camera amministrativa romana figura pure un avvocato dello Stato nominato a febbraio 2021 capo di gabinetto della ministra degli Affari regionali Mariastella Gelmini: Vincenzo Nunziata. Lui non è un semplice avvocato dello Stato. Nel 1983 poteva fare il giudice del Tar, poi ha scelto un'altra strada parallela a quella di molti consiglieri di Stato. Ha iniziato a frequentare le stanze del governo quando a Palazzo Chigi c'era Giovanni Goria e non aveva ancora trent'anni. Da allora ha passato forse più tempo nei ministeri come capo di gabinetto e consigliere giuridico che all'Avvocatura. Per inciso, Nunziata siede insieme a Piazza e De Francisco nella stessa sezione disciplinare del Collegio di garanzia del Coni. Non gli unici funzionari pubblici. Perché c'è Aurelio Vessichelli, ex magistrato, già commissario straordinario della Federnuoto, anch'egli avvocato dello Stato. Nonché componente del Collegio di garanzia dello sport, ma in una sezione differente. La terza, presieduta da Massimo Zaccheo, dove si trova un altro pilastro del Consiglio di Stato: Francesco Caringella.

Sarà certamente perché questo è un mondo molto piccolo e compatto. Si conoscono e si frequentano tutti. E le rispettive strade professionali sono destinate a incontrarsi pure fuori dalle aule di giustizia sportiva. Un esempio? Malinconico, Fidanzia, Piazza, Nunziata, Vessichelli e lo studio Clarizia sono stati fra gli attori dell'incredibile arbitrato Longarini, del quale si racconterà nelle pagine seguenti.

Socio della Camera amministrativa romana, accanto a personaggi di tale spessore, è perfino un esponente del governo in carica. Al numero 62 dell'elenco soci dell'associazione presieduta da Leozappa ecco Federico Freni, classe 1980. Il 23 settembre 2021 il Consiglio dei ministri presieduto da Mario Draghi l'ha nominato sottosegretario al ministero dell'Economia in sostituzione del dimissionario Claudio Durigon. Indicato dalla Lega di Matteo Salvini, l'avvocato Freni annovera fra le esperienze professionali l'assistenza legale alla Federcalcio in alcune cause sportive.

L'impotenza del governo

Che il problema del cortocircuito fra incarichi nella giustizia sportiva e il lavoro di magistrato amministrativo non sia soltanto una fantasia di qualche inflessibile moralista, bensì una faccenda piuttosto seria, se ne accorgono anche in Parlamento. A poche settimane dalla sentenza de Lise, che ha temporaneamente salvato Lotito, dieci senatori del Popolo della Libertà presentano al presidente del Consiglio Berlusconi e al ministro Angelino Alfano un'interrogazione ustionante. Chiedono che il governo dichiari l'incompatibilità per i magistrati del Tar Lazio e del Consiglio di Stato ad assumere incarichi nella giustizia sportiva della Figc e del Coni. Dicono che la funzione di controllo sulla giustizia sportiva è già di competenza esclusiva dei Tar e del Consiglio di Stato. Per cui la sovrapposizione non si giustifica. Eppure, insistono, ci sono «tre giudici del Tar Lazio e dieci del Consiglio di Stato negli organi di giustizia sportiva quali quelli di Figc e Coni», nonostante quegli uffici abbiano accumulato un enorme arretrato. Mentre sarebbe opportuno che non venissero loro affidati quegli incarichi anche per evitare «un inopportuno conflitto d'interessi». Testimoniato, fanno capire i dieci senatori del Popolo della Libertà, anche dalla percentuale «estremamente bassa» dei ricorsi accolti contro Federcalcio e Coni al Tar Lazio e al Consiglio di Stato: «Il 6,94 per cento a fronte di una media negli altri settori di circa il 40 per cento».

La risposta arriva con sorprendente rapidità dal ministro per i Rapporti con il Parlamento Elio Vito. Spiega che gli incarichi sono stati tutti autorizzati dal Consiglio di presidenza della giustizia amministrativa, che è il Csm del Tar e del Consiglio di Stato. E siccome la magistratura è indipendente, il governo se ne lava le mani. Quanto all'arretrato, i magistrati in questione svolgono quegli incarichi nel «tempo libero individuale». Il risultato? I magistrati del Tar Lazio impegnati al Coni e alla Figc nel 2021 sono otto, contro i tre del 2009. E i consiglieri di Stato, venti: il doppio esatto di dodici anni prima.

Ma il rischio del cortocircuito, a voler proprio spaccare il capello in quattro, non è insito solo nella fase del giudizio sportivo che potrebbe confliggere con quello di un Tribunale amministrativo. Perché talvolta esiste anche il problema, per niente trascurabile, della sovrapposizione con gli incarichi di governo. Prendiamo per esempio il ministero dell'Economia e delle Finanze, che distribuisce denari pubblici in ogni direzione. Quindi anche in quella sportiva. La sottosegretaria alla presidenza con delega allo sport del governo di Mario Draghi, la campionessa di scherma Valentina Vezzali, è a capo di una struttura con una dotazione di 130 milioni l'anno. Al Mef si scrivono provvedimenti di natura fiscale che hanno impatto assai significativo anche sul mondo dello sport e del calcio. Come certamente è a conoscenza del coordinatore degli uffici legislativi di quel ministero, il giudice sportivo Mastrandrea. Ma anche del capo di uno dei due uffici a lui sottoposti che sfornano leggi, decreti e regolamenti: esattamente quello dell'Economia, che il ministro Daniele Franco ha affidato il 13 febbraio 2021 ad Alfredo Storto, magistrato amministrativo e componente di una sezione del Collegio di garanzia dello sport del Coni. E di sicuro pure dello stesso capo di gabinetto del ministro Franco, che abbiamo già incontrato insieme a Storto, ovvero il consigliere di Stato Giuseppe Chiné, il cui nome figura nei ranghi della Procura della Federcalcio.

Intrecci sconvenienti

Non che per lui questo doppio ruolo sia una novità. Chiné frequenta la Procura della federazione calcistica dal 2004; all'ufficio legislativo del Mef con Giulio Tremonti, ha avuto incarichi nei governi di Mario Monti e Paolo Gentiloni. Ma pure in quello di Giuseppe Conte. Il primo, con Matteo Salvini e i 5 Stelle. Lo aveva ingaggiato il ministro della Pubblica istruzione, il leghista Marco Bussetti, diplomato all'Isef e laureato in Scienze motorie. Era a conoscenza del fatto che il suo capo di gabinetto si fosse cimentato in passato nell'elaborazione di saggi giuridici con il maestro e socio di Conte, il principe del foro Guido Alpa?

Adesso però che è rispuntato nel governo Draghi, i senatori ex grillini Elio Lannutti, Luisa Angrisani e Margherita Corrado a Chiné non vogliono perdonare la passione calcistica. E gli spediscono un bel siluro. Il 13 maggio 2021 presentano un'interrogazione a Draghi e Franco chiedendo di separare le funzioni di governo da quelle della giustizia sportiva. I tre citano un caso clamoroso che ha fatto discutere per mesi tutto il mondo del calcio. Il procuratore federale aggiunto Chiné ha deferito al Tribunale della Figc Claudio Lotito e altri due medici sociali della Lazio con l'accusa di aver fatto giocare alcuni calciatori risultati positivi al Covid-19 non avendo comunicato «tempestivamente» alla sanità pubblica le loro condizioni. E caso vuole che il deferimento porti la data del 16 febbraio 2021, lo stesso giorno in cui il ministro Franco firma il decreto della sua nomina a capo di gabinetto del Mef. Il che, per Lannutti, Angrisani e Corrado, starebbe a provare la tesi dell'incompatibilità fra i due ruoli.

Tesi malignamente rilanciata, all'indomani del deferimento di Lotito, anche da ambienti della tifoseria laziale. Ma per ben altre ragioni. Il figlio di Chiné, classe 2003, ha giocato infatti a lungo nelle giovanili della Lazio, per essere poi ceduto. La questione, ha rivelato «Il Messaggero», era stata però posta già dallo stesso consigliere di Stato quando da procuratore federale si era trovato a dover decidere su un altro caso che riguardava la Lazio, quello del contenzioso sugli stipendi del calciatore argentino Mauro Zárate. E il Coni aveva stabilito che nel fatto di avere un figlio già tesserato con la società di Lotito non si ravvisava alcuna incompatibilità. Nell'occasione le accuse mosse alla Lazio furono subito archiviate dalla Procura federale. Mentre la causa sui giocatori positivi al virus prende una direzione diversa. Chiné chiede e ottiene inizialmente una sanzione per Lotito e la Lazio, ma il rimpallo fra la Corte federale d'appello del consigliere di Stato Mario Torsello e la commissione di garanzia del Coni del consigliere di Stato Franco Frattini dura mesi. E l'interrogazione dei tre ex grillini rimane senza risposta. Anche se l'unica risposta prevedibile è quella che fornì nel 2009 il sottosegretario Elio Vito ai senatori del suo stesso partito. Se gli incarichi sono autorizzati dall'organo di autogoverno del Consiglio di Stato, che problema ci può essere?

Vero è che il governo e il Parlamento potrebbero anche promuovere una legge per mettere fine al fastidioso rumore di fondo. In che modo? Semplice, decretando il divieto a fare contemporaneamente le due cose. Esempio: per limitare il ricorso al collocamento fuori ruolo la legge c'è. Ci ha pensato il governo di Mario Monti con la ministra della Giustizia Paola Severino. Adesso la regola è che un giudice del Tar o un consigliere di Stato, come pure un magistrato ordinario o contabile, non può svolgere incarichi tali da costringerlo a sospendere temporaneamente la funzione giudiziaria per più di dieci anni. Sempre in teoria, perché per alcuni incarichi, come vedremo, si è trovato il modo di aggirarla. Comunque, almeno sulla carta, la legge c'è. A dimostrazione del fatto che il governo potrebbe intervenire, eccome. Ma sarebbe più logico che a mettere un freno alla proliferazione assurda di incarichi di questo genere fosse l'organo di autogoverno. Cioè il Consiglio di presidenza della giustizia amministrativa. Dove tuttavia non mancano, fra i dieci magistrati eletti (undici con il presidente), alcuni giudici sportivi. Per l'esattezza, nella consiliatura del quadriennio 2018-2022, sono tre. Come dire, il 30 per cento. C'è il consigliere di Stato Gianpiero Paolo Cirillo, presidente della sezione consultiva della Corte federale d'appello. Poi il consigliere del Tar Lazio Salvatore Mezzacapo, presidente della seconda sezione della medesima Corte federale d'appello. Quindi Savio Picone del Tar Toscana, consigliere della Corte sportiva d'appello della Figc.

Non è una situazione troppo diversa rispetto a quella della Corte dei conti. Anche lì l'organo di autogoverno ha tre magistrati che sono anche componenti di organi della giustizia sportiva. Ma è il peso politico della magistratura amministrativa a essere oggettivamente diverso.

I Tribunali e le Corti federali, come le Commissioni di garanzia del Coni, hanno tuttavia un'altra caratteristica per cui i doppi incarichi amministrativi e sportivi andrebbero presi con le molle. Siccome ci sono anche molti avvocati, il risultato è che i magistrati si trovano a emanare sentenze insieme a coloro che rappresentano in tribunale le controparti. Consiglieri di Stato o giudici di Tar gomito a gomito con avvocati amministrativisti: abbastanza chiaro che ci sia qualcosa che non va. E non bisogna neppure scavare troppo.

Come nel Tribunale nazionale antidoping, dove accanto a tanti avvocati ci sono tre consiglieri dei Tar. E mai collocazione fu forse più adatta. Quegli incarichi sono diventati una vera droga...

2

Sicilians do it better

Il giudice-avvocato dalle mille cause

I componenti designati dalla Regione siciliana, dice la legge, durano in carica sei anni. «E non possono essere confermati» aggiunge. Limpido. Significa che alla scadenza del mandato devono comunque essere sostituiti. Ma se invece uno, poniamo, dopo aver completato il mandato ed essere stato sostituito se ne sta un paio d'anni a spasso e poi si ripresenta, che cos'è quella? Una riconferma o una nuova nomina? Bel dilemma. Che la Regione avrebbe risolto optando per la seconda versione: è una nomina nuova di zecca. E così ecco di nuovo Antonino Lo Presti, detto Nino, candidato la seconda volta per un posto al Consiglio di giustizia amministrativa.

Meraviglie di quella meravigliosa Regione. Fra le prerogative dell'autonomia concessa alla Sicilia c'è anche quella di avere un proprio Consiglio di Stato distaccato. La Regione ha i suoi Tar, come il resto del

Paese. Ma il secondo grado di giudizio viene amministrato da una struttura diversa da Palazzo Spada. Si chiama Consiglio di giustizia amministrativa e ha una caratteristica alquanto singolare. Che fra i giudici ce ne sono quattro su tredici nominati di diritto dalla giunta regionale siciliana, con il solo parere dell'organo di autogoverno centrale. E di conseguenza si vedono cose che raramente è possibile osservare a Roma, dove pure ne succedono di cotte e di crude.

Antonino Lo Presti, detto Nino, è un avvocato civilista palermitano con una grande passione per la politica. Il suo nume è Gianfranco Fini, che lo candida nel 1996 alla Camera. E lui gli resta fedele. Quando però l'esperienza di Futuro e libertà per l'Italia si sfarina con la sconfitta del voto di sfiducia al governo Berlusconi nel dicembre 2010 e l'arrivo di Mario Monti, infila l'uscita di sicurezza. A poche ore dalle elezioni regionali dell'ottobre 2012 il presidente della giunta siciliana Raffaele Lombardo lo manda al Consiglio di giustizia amministrativa. Ci resta i sei anni stabiliti dalla legge, poi però deve lasciare per la regola che la riconferma è vietata. Si capisce tuttavia che il nuovo presidente della Regione Nello Musumeci, ex europarlamentare ed ex presidente della Provincia di Catania ma soprattutto suo collega di partito quando entrambi militavano in Alleanza nazionale, lo lascerebbe volentieri al suo posto. Anche perché nel frattempo, racconta Claudio Reale su «la Repubblica», Lo Presti avrebbe imboccato «un percorso che a partire dal capogruppo dell'Assemblea regionale siciliana Alessandro

Aricò l'ha accomunato a diversi esponenti di Diventerà Bellissima». Come si chiama, appunto, la formazione politica di cui è stato ispiratore Musumeci prendendo in prestito una suggestione di Paolo Borsellino, che aveva detto: «Un giorno questa terra sarà bellissima...». E all'inizio dell'autunno 2021, frapposti ormai oltre due anni dalla fine del precedente mandato, Musumeci gli regala un'altra tornata al Consiglio di giustizia amministrativa. Ancora sei anni, grazie alla singolare interpretazione con cui si è pensato di sciogliere il dilemma: la conferma è espressamente vietata, ma una nuova nomina non lo è. Non funziona così anche per altri incarichi, del resto? Al sindaco è vietato candidarsi per più di due mandati consecutivi, stabiliscono le norme. Ma non gli si può impedire di ripresentarsi una terza o una quarta volta non consecutivamente alle prime due: è sufficiente che resti fermo un giro. L'Italia è piena di questi casi.

La nomina di Lo Presti deve però essere vidimata, come detto, dall'organo di autogoverno centrale. Che non si fa convincere dal simpatico gioco di prestigio e dà parere negativo. Un brutto colpo. Ce ne starebbe pure un altro, ma sarebbe letale perché potrebbe provocare una crisi istituzionale senza precedenti. Musumeci ha nominato infatti un secondo componente nel Consiglio di giustizia amministrativa, l'avvocato catanese Vincenzo Martines. E anche in questo caso a Palazzo Spada qualcuno ha qualcosa da dire. Non sulle qualità professionali, beninteso. Ma sul suo sontuoso curriculum, dove c'è scritto che dal 1999 ha patrocinato al Tar o al Tribunale civile «circa mille cause del Comune di Catania». Più o meno una alla settimana, domeniche e feste comandate comprese. Cause per appalti, concorsi pubblici, rimostranze di dirigenti comunali... Nella valanga di ricorsi al Tar dove c'è lo zampino del legale nominato da Musumeci spunta anche quello del Catania calcio contro la retrocessione. Non bastassero le mille cause del Comune di Catania, eccone altre centocinquanta «dell'Ausl 3 di Catania e dell'azienda sanitaria provinciale di cui è patrocinatore». E mica solo quelle. Martines è infatti «patrocinatore» anche «dell'azienda universitaria Policlinico Vittorio Emanuele di Catania». Dal 1998 avvocato a tutto tondo, precisa nel curriculum, con «assistenza, consulenza e patrocinio legale avanti al Tribunale civile, al Tar, alla Corte d'appello, Corte di Cassazione, al Consiglio di giustizia amministrativa per la Regione siciliana, curatore fallimentare, curatore speciale...». E pure gestore della crisi del Teatro stabile di Catania. Mai visto niente del genere.

Così c'è chi si domanda: non sarà che un simile vortice di incombenze potrebbe causare qualche spiacevole conflitto d'interessi, una volta che l'eccezionalmente prolifico avvocato Martines dovesse passare dall'altra parte della barricata? Macché, lo fanno quasi tutti. E forse anche grazie al sacrificio di Lo Presti la nomina viene approvata senza troppe storie.

Lite continua

Le nomine della Regione siciliana al vertice della sezione locale distaccata del Consiglio di Stato hanno fatto sempre discutere. Ma sarebbe strano il contrario, considerata la loro funzione nel complicato evolversi dei rapporti politici regionali. Brutalmente, servono soprattutto a sistemare chi dev'essere piazzato secondo una logica del tutto simile a quella che purtroppo continua a ispirare gran parte delle nomine pubbliche. Piccolo particolare, il Consiglio di giustizia amministrativa per la Regione siciliana è un organo della magistratura. E la Costituzione repubblicana, è sempre bene ripeterlo, stabilisce che la magistratura dev'essere indipendente. Che ci fanno allora anche qui i politici?

Il 29 novembre 2018 la pattuglia grillina all'Assemblea regionale pianta una grana colossale sulla nomina di Antonino Caleca, detto anch'egli Nino. Dicono che «è assolutamente inopportuna. Sia politicamente, perché in assoluta continuità con il governo Crocetta che lo aveva voluto assessore, che materialmente, perché gli incarichi che ricopre e ha ricoperto sono a nostro avviso tutt'altro che compatibili con il ruolo di terzietà per cui è stato proposto. Ha troppe relazioni con importanti imprenditori e politici tuttora in carica per poterne vagliare in maniera terza i procedimenti». Quindi l'ultima velenosa stilettata: «Caleca è addirittura l'avvocato di Antonello Montante, nel cui processo la Regione siciliana si è appena costituita parte civile». Nino Caleca è stato assessore all'Agricoltura della giunta di Rosario Crocetta fino al 2015, quando si è dimesso per protesta contro l'ingresso nel governo regionale di Giovanni Pistorio, segretario regionale dell'Udc. «Pistorio è stato assessore del governo Cuffaro e fedelissimo di Lombardo», motiva così la sofferta decisione in una lettera a Crocetta l'avvocato Caleca. Che per ironia della sorte, mentre la scrive alla fine di giugno 2015, fa parte con Massimo Motisi e Marcello Montalbano del collegio di difesa di Salvatore Cuffaro e Raffaele Lombardo in un processo sullo smog. Processo nel quale i due ex presidenti della Regione saranno assolti il 28 ottobre successivo. E non è l'unico frangente giudiziario nel quale l'ex assessore di Crocetta ha tutelato gli interessi di Cuffaro.

Le dimissioni dall'assessorato non compromettono i suoi rapporti con Crocetta. L'avvocato Caleca, oltre a esercitare la professione legale anche come difensore di altri politici, continua ad aiutare la Regione. Nell'ottobre 2016, con Renzi a Palazzo Chigi, porta a casa alla commissione paritetica fra Stato e Regione un miliardo e mezzo in più rispetto alla cifra che ogni anno l'erario deve versare nelle casse regionali. Meriterebbe una bella ricompensa. Ma Crocetta ha appena nominato al Consiglio di giustizia amministrativa un altro avvocato, Salvatore Zappalà. Anche se nominato è una parola grossa. A dirla tutta, Crocetta ha dovuto mandare giù quella nomina fatta da Lombardo poco prima di dovergli lasciare la presidenza della Regione. E che lui aveva immediatamente revocato. Dunque fuori Zappalà, messo lì da Lombardo. Dentro al suo posto Elisa Nuara, ex assessore all'Urbanistica e vicesindaco di Gela nella giunta di Crocetta, e dentro pure Giambattista Bufardeci, detto Titti, ex vicepresidente della Regione siciliana, ex sindaco di Siracusa, ex Pdl, ex Forza del Sud, transitato nella maggioranza crocettiana.

E subito parte un assurdo inferno giudiziario. Zappalà fa ricorso al Tar siciliano, che però lo respinge. Allora ricorre in appello. E dove, se non al Consiglio di giustizia amministrativa del quale sarebbe stato uno dei componenti se non fosse stato revocato? I suoi presunti colleghi gli danno ragione perché si accorgono che non c'è mai stata una revoca formale. Allora Crocetta scrive un decreto con tutti i crismi dell'ufficialità. Ma nemmeno così Zappalà abbozza. Presenta un nuovo ricorso e questa volta il Tar gli dà ragione affermando che le designazioni dei componenti regionali del Consiglio di giustizia amministrativa non hanno a che fare con la politica. «Le disposizioni escludono del tutto una possibile incidenza di profili connessi alla persona del designante, o alla maggioranza politica di cui lo stesso sia espressione» sentenziano i giudici. Perché «un potere di nomina funzionale non all'interesse pubblico a un corretto esercizio della funzione giustiziale, ma al legame personale o politico fra l'amministrazione regionale designante e il designato, smentirebbe in radice la terzietà» del potere giudiziario. Principio giustissimo, ma che non fa i conti con la realtà di questo microcosmo giudiziario siciliano intriso fino al midollo di conflitti d'interessi. Come se quella «terzietà» potesse esistere davvero, in una situazione nella quale sono i politici che nominano i giudici scegliendoli per ragioni, appunto, politiche.

Stavolta è Crocetta che non ci sta. E fa appello al Consiglio di giustizia amministrativa (dove, per inciso, ci dovrebbero essere i suoi nominati, nel frattempo reintegrati dal Consiglio di Stato, che su loro ricorso ha sospeso la sentenza favorevole a Zappalà). Ma il 16 giugno 2016 l'appello di Crocetta viene respinto, con il risultato che quattro giorni dopo Zappalà rientra in possesso della poltrona.

Il regalino di Ardizzone

A ricompensare l'avvocato Caleca con un incarico da giudice ci pensa Musumeci, che pure a lui un miliardo e mezzo in più nel bilancio fa davvero comodo. Ma c'è da coprire anche un altro posto nel Consiglio di giustizia amministrativa, e allora ecco Giovanni Ardizzone.

Classe 1965, avvocato, è stato consigliere regionale Ccd e Udc per quattro legislature e diciassette anni. Nell'ultima ha fatto il presidente dell'Assemblea siciliana. Dovendo affrontare uno dei passaggi più difficili della sua storia.

Arriva alla presidenza, Ardizzone, mentre il Parlamento nazionale sta approvando un decreto legge che il presidente del Consiglio Mario Monti ha emanato sull'onda dell'indignazione collettiva per lo scandalo dei milioni pubblici che in certi gruppi politici regionali venivano allegramente dissipati per l'acquisto di beni e di utilità personali. Partite dal consiglio regionale del Lazio, le inchieste si allargano rapidamente a tutte le altre Regioni e più di cinquecento politici finiscono indagati. La cosa è talmente grossa che ci vuole un giro di vite. Il presidente del Consiglio Mario Monti è irremovibile e il dipartimento legislativo di Palazzo Chigi, presidiato dagli stessi consiglieri di Stato che erano con Berlusconi, il capo dell'ufficio Claudio Zucchelli e il suo vice Alfredo Storto, si mette in moto. Esiste solo il problema che lo Stato ritiene di non poter interferire direttamente nelle questioni degli apparati politici regionali. Così, per evitare di impantanarsi alla Corte costituzionale, la soluzione è condizionare l'erogazione dei contributi pubblici al rispetto di alcuni principi fissati dal governo centrale. Fra questi ce n'è uno letteralmente esplosivo: i soldi dello Stato non arrivano se il consiglio regionale non toglie il vitalizio ai politici condannati in via definitiva per reati contro la pubblica amministrazione.

Nelle Regioni si sparge il terrore. Condannati in via definitiva ce ne sono quasi dappertutto. E inizia una melina di pareri, interpretazioni, consulenze. In Sicilia il decreto Monti viene recepito con una legge regionale il 4 gennaio 2014. Succede però anche qualcosa di diverso. Antonio Fraschilla ed Emanuele Lauria, due cronisti fuoriclasse della redazione palermitana di «la

Repubblica», scoprono che l'Assemblea regionale paga ogni mese 6000 euro di vitalizio all'ex presidente della Regione Salvatore Cuffaro, che si è beccato una condanna definitiva a sette anni per due reati: rivelazione di segreto istruttorio e favoreggiamento con l'aggravante mafiosa. E lo pubblicano il 3 maggio sul giornale. La Sicilia, si sa, segue regole tutte sue. Anche nei vitalizi regionali. Almeno fino al 2017, rivelerà inoltre Emanuele Lauria, l'Assemblea regionale paga ancora un vitalizio di reversibilità alla figlia di Giuseppe Alessi, deceduto nel 2009, che nel 1947 è diventato il primo presidente della Regione. Ma anche alla figlia di Natale Cacciola, per quattro anni a partire da quello stesso 1947 nell'Assemblea regionale, eletto con il Partito monarchico, classe 1904. E alla figlia di Ignazio Adamo, deputato regionale del Blocco del popolo fino al 1955. Era nato nel 1897.

La deflagrazione del caso Cuffaro però è immediata. Il Movimento 5 Stelle comincia a martellare i vertici regionali, che appaiono in evidente imbarazzo. Incalzato dai giornalisti, il presidente della giunta Rosario Crocetta se la cava affermando che la faccenda dei vitalizi ai condannati per mafia la deve risolvere l'Assemblea regionale. Dice: «È un problema che non riguarda il governo». E Ardizzone viene investito in pieno dall'ondata. Ma se lo immaginava. Il 4 maggio, ventiquattr'ore dopo la pubblicazione dell'articolo di Fraschilla e Lauria, ha già mandato una lettera al segretario generale dell'Assemblea chiedendo di verificare se i reati per cui Cuffaro è stato condannato rientrano nel decreto Monti. La cosa tuttavia si trascina fino al 28 maggio, giorno di una svolta drammatica. L'Assemblea regionale deve votare la proposta del Movimento 5 Stelle che estende esplicitamente la tagliola del decreto Monti ai reati di mafia o che prevedono l'aggravante mafiosa. L'approvazione di una legge simile taglierebbe la testa al toro, costringendo la Regione a revocare il vitalizio di Cuffaro. E chi potrebbe votare contro una proposta del genere? Invece la bocciano. Votano contro in trentatré, a favore soltanto in diciotto. In sette si astengono. Qualcuno risulta assente, mentre sta in aula. La situazione è molto più che imbarazzante. Però la figuraccia salva solo temporaneamente il vitalizio di Cuffaro. Il giorno seguente, 29 maggio, parte dall'Assemblea regionale una richiesta di parere all'avvocatura distrettuale siciliana dello Stato, che a sua volta gira la medesima richiesta all'avvocatura di Stato centrale. Nel frattempo, in attesa del verdetto, il vitalizio di Cuffaro viene sospeso. E la risposta elimina ogni possibile alibi. I condannati in via definitiva che subiscono la pena accessoria dell'interdizione dai pubblici uffici non hanno diritto al vitalizio. L'articolo 28 del Codice penale parla chiaro. Ma il bello deve ancora arrivare.

Quando scoppia il caso, Ardizzone si sfoga così: «Con questa storia dei vitalizi la Sicilia è stata additata come il male. Invece noi abbiamo recepito per intero il decreto Monti. Non mi sono appellato a nessun cavillo. Se viene condannato un sindaco o un parlamentare regionale perde il vitalizio. Invece, se lo stesso succede a un parlamentare nazionale non perde il vitalizio...». E adesso ha l'occasione per mettere le cose a posto. Gli basta spedire una letterina ai presidenti di Camera e Senato, Laura Boldrini e Pietro Grasso, per comunicare che in seguito al parere dell'Avvocatura ha sospeso l'assegno a Cuffaro. Concludendo: «Ho ritenuto doveroso informarLa della questione in quanto considero che quello affermato dall'Avvocatura dello Stato sia un principio di carattere generale che non potrà non trovare applicazione anche nei confronti dei deputati e dei senatori del Parlamento della Repubblica». Panico nel Palazzo. Anche lì fioccano i pareri, qualcuno prova a sostenere che i vitalizi ai parlamentari non si possono togliere senza fare una legge. Ma è una guerra persa. Sei mesi dopo Camera e Senato approvano il regolamento che sospende l'assegno anche agli ex onorevoli condannati in via definitiva. È il regalino di Ardizzone.

Il disastro dell'autonomia

Il Consiglio di giustizia amministrativa è la più lampante dimostrazione dei danni che lo Statuto speciale della Regione siciliana riesce ad arrecare. Mai come in questo caso vale ricordare la provocazione che il 28 luglio 2017 ha consegnato a «la Repubblica» il filosofo dell'università di Messina Pietro Perconti: «Dopo parecchi decenni di autonomia dobbiamo essere sinceri con noi stessi. La periferia del nord ha usato l'autonomia e le maggiori risorse che ne derivano per somigliare di più alle regioni loro vicine. Se passi il confine dal Friuli o dal Tirolo meridionale verso le regioni limitrofe, quasi non ti accorgi della differenza. (...) Detto in modo un po' immaginifico: se dai autonomia ai trentini sono attratti dal resto dell'Europa, se la dai ai siciliani scivolano verso l'Africa. Forse noi non abbiamo bisogno di autonomia, ma di omologazione. Non abbiamo bisogno di proteggerci dal resto del Paese, ma del contrario».

Diversamente non si capisce perché ogni volta che si applica l'autonomia gli effetti sono rovinosi. È concepibile che un organo giudiziario sia composto anche da persone designate dalla politica, se non direttamente da politici? Non lo è affatto. Non può esserlo, semplicemente perché la Costituzione non lo consente. Per logica non potrebbe neppure esistere, in un Paese unito nel quale le regole fondamentali dovrebbero essere uguali per tutte le Regioni, le Province, i Comuni e i singoli cittadini, una sezione distaccata del Consiglio di Stato. Che per di più funziona con un sistema non previsto dalla Costituzione nazionale, che non contempla corti di giustizia nelle quali giudici siano anche i politici. Chi considera stupefacente tale stato di cose, che stupefacente oggettivamente lo è, farebbe meglio però a rammentare come nasce, dopo la fine della Seconda guerra mondiale, l'autonomia siciliana. La situazione del Paese è drammatica. La povertà ha stremato gli italiani, le macerie dei bombardamenti assediano le città, l'economia è completamente da ricostruire. Ma c'è un pericolo forse ancora più grande da scongiurare. Fra i vincitori del conflitto mondiale non manca chi vorrebbe fare a pezzi anche l'Italia, oltre alla Germania. Altri, in Sicilia, cullano l'idea separatista. E se non progettando la rinascita del Regno di Sicilia, quantomeno in versione repubblicana, magari con la speranza di rappresentare la quarantanovesima stella nella bandiera statunitense (che allora non comprende ancora quelle dell'Alaska e delle isole Hawaii). Anche se gli accordi internazionali non lo permetterebbero, qualcuno dei mafiosi che gli americani hanno scelto come fiduciari per l'occupazione della Sicilia, rivitalizzando il potere di Cosa nostra, ci crede davvero. Ci crede davvero anche il Movimento per l'indipendenza della Sicilia, costituito nel 1943 dopo la resa incondizionata dell'esercito italiano agli Alleati, firmata il 3 settembre a Cassibile, una frazione di Siracusa, che non dà tregua all'embrione del potere centrale formatosi con i Savoia ancora in sella. Esiste perfino una formazione armata pronta a combattere per staccare l'isola dall'Italia, operativa dal febbraio 1945. L'Esercito volontario per l'indipendenza della Sicilia è comandato dal socialista Antonio Canepa, una testa calda che ha già dato seri grattacapi ai tedeschi in Sicilia prima dello sbarco degli americani. Muore poche settimane dopo la fine della guerra, in seguito a una sparatoria con i Carabinieri.

Con questo scenario davanti il primo capo del governo repubblicano Alcide De Gasperi affronta alla conferenza di pace di Parigi, il 10 agosto 1946, il discorso più difficile della sua vita. Sa che dalle sue parole dipende la salvezza dell'unità nazionale, e non nasconde la preoccupazione per quanto potrà accadere: «Prendendo la parola in questo consesso mondiale sento che tutto, tranne la vostra personale cortesia, è contro di me...».

La Repubblica italiana è nata da sessantanove giorni, il 2 giugno 1946. Ma il 15 maggio il re Umberto II ha fatto in tempo a firmare lo Statuto speciale della Regione siciliana. Che si chiama così, con l'aggettivo «siciliana», perché secondo alcuni si sarebbe sempre potuto sostituire il sostantivo «Regione» con un altro ben più impegnativo: «Repubblica». La Costituzione siciliana, perché quando viene concepito lo Statuto speciale è qualcosa di più di un elenco di norme che devono servire al funzionamento di una Regione, precede di un anno e mezzo la Costituzione italiana. Il che rende persino plausibili cose che oggi sembrano assurdità integrali. Come la previsione di sezioni distaccate e con un funzionamento autonomo rispetto allo Stato centrale della Corte costituzionale, della Cassazione e del Consiglio di Stato. Le prime due non sono mai state istituite. La terza, invece, esiste eccome. Ed è la prova che l'intreccio fra magistratura e Regione è capace di creare solo problemi.

Le testimonianze sono all'ordine del giorno. Giuseppe Modica de Mohac ha avuto in Sicilia molti incarichi istituzionali. Per esempio ha fatto l'amministratore delegato dell'Amat, l'azienda di trasporto pubblico di Palermo, come pure il presidente della società che gestisce l'aeroporto palermitano Falcone e Borsellino. Ma per quattro anni è stato anche dirigente del Policlinico universitario del capoluogo siciliano. E quei quattro anni gli devono essere rimasti nel cuore, se si ostina a conquistare un posto fra i papabili a ricoprire incarichi di direttore amministrativo nella sanità regionale. Purtroppo però di anni ne servono cinque. Lui ce li avrebbe pure, ma la Regione non gli vuole riconoscere i tre trascorsi alla Fondazione San Raffaele Giglio di Cefalù. Così de Mohac ricorre al Tar, che però conferma il punto di vista della Regione. Ma non così il Consiglio di giustizia amministrativa, dove invece la sua tesi viene senz'altro accettata. Ed è a questo punto che qualcuno solleva il caso perché un posto nel collegio giudicante sarebbe occupato dal consigliere di Stato Carlo Modica de Mohac, suo fratello. Il quale però non partecipa mai alle udienze che riguardano Giuseppe Modica de Mohac, come ha occasione di precisare pubblicamente il suo avvocato per sgombrare il campo anche dal più minimo sospetto.

Una circostanza simile si sarebbe potuta verificare in qualunque altro posto. Ma in Sicilia ogni fatto altrove assolutamente normale riesce a generare ombre. E poi solo qui possono accadere certe cose. Al Tar Catania, per esempio, era in vigore una curiosa prassi. È previsto che quando le sentenze del Tribunale amministrativo non vengono per qualche ragione eseguite, si debba nominare un commissario *ad acta* per farle eseguire. Ebbene, succedeva che commissari *ad acta* venivano nominati i dipendenti del medesimo tribunale, contro un orientamento chiaramente espresso per la magistratura amministrativa. In tre anni il Tar Catania avrebbe distribuito centocinquanta incarichi di questo genere. Uno di questi assegnato addirittura all'autista di un giudice. Forse un modo come un altro per consentire agli impiegati di arrotondare stipendi non faraonici. Ma che arrotondamenti, se è vero che sette dipendenti avrebbero incassato 197mila euro. Con il record assoluto per uno che di euro ne ha da solo portati a casa 120mila.

L'ombra del malaffare

Ma questo è miele, rispetto a quanto venuto allo scoperto negli ultimi anni. E che dovrebbe come minimo indurre tutti a ripensare profondamente il sistema. Domandandosi se abbia ancora senso la stessa idea dell'autonomia, con le degenerazioni che finora ha comportato.

La storia ha occupato per mesi le cronache, suscitando ondate di indignazione. Il 15 febbraio 2019 gli avvocati siciliani Piero Amara e Giuseppe Calafiore patteggiano una condanna per l'accusa di corruzione in atti giudiziari. Il primo si becca tre anni, il secondo due anni e nove mesi. Ma poteva andare molto peggio. I giudici che indagano su alcune sentenze pilotate alla sezione distaccata siciliana del Consiglio di Stato ritengono che l'avvocato Amara sia il fulcro di un sistema corruttivo perfettamente rodato che investe pezzi importanti della magistratura amministrativa. E lo arrestano insieme a un paio di magistrati e a un consigliere della Corte dei conti. Lui allora comincia a collaborare e racconta di aver pagato i giudici per aggiustare alcuni procedimenti davanti al Consiglio di giustizia amministrativa per la Regione siciliana. Uno, in particolare, è quello che oppone la società Open Land al Comune di Siracusa. E che prefigura un conflitto d'interessi spettacolare. Perché la società fa capo alla famiglia di Calafiore, che è anche il socio di Amara. Grazie alle perizie di consulenti amici dell'avvocato, la causa finisce con la condanna del Comune siracusano a pagare un risarcimento di 24 milioni alla ditta privata. Per questo il meccanismo corruttivo prende il nome di «Sistema Siracusa». Un sistema che a quanto pare chiama in causa anche il folle meccanismo dei giudici nominati direttamente dalla politica nella sezione distaccata siciliana del Consiglio di Stato. Nella vicenda della Open Land le dichiarazioni rese al pubblico ministero da Amara tirano in ballo anche Giuseppe Mineo, componente non togato ma giudice a tutti gli effetti per le assurde regole siciliane, nominato nel 2010 dalla Regione allora presieduta da Raffaele Lombardo. Mineo è in quota Movimento per le autonomie, il partito di Lombardo. E secondo Amara avrebbe avuto un ruolo non marginale nella sentenza che ha riconosciuto a Open Land il colossale indennizzo. Responsabilità che però sono ancora tutte da chiarire in sede giudiziaria. «Il giudice voleva 115mila euro. Non per sé, ma per il carissimo amico Giuseppe Drago, ex presidente della Regione siciliana molto malato che doveva fare un costoso intervento in Malaysia. Drago è poi morto nel 2016» dice a verbale l'avvocato. I fatti risalgono al 2014. Due anni dopo Mineo sta per fare un altro salto, passando dal Consiglio di giustizia amministrativa della Sicilia al Consiglio di Stato di Roma. Il suo nome è nella lista dei consiglieri di Stato di nomina governativa. Come ci sia finito, lo spiega Luca Lotti durante un'udienza al processo di Messina sul «Sistema Siracusa», dove Mineo è chiamato a rispondere di corruzione in atti giudiziari. Processo, precisiamo, ancora in corso mentre esce questo libro. Come riporta l'agenzia Ansa del 20 giugno 2019, l'ex sottosegretario del governo di Matteo Renzi racconta che «la mail per segnalare Mineo mi era stata mandata da Denis Verdini. Era la prassi che le nomine governative del Consiglio di Stato avevano una caratteristica politica, e il mio compito, nello svolgimento delle mie funzioni, era quello di raccogliere le segnalazioni dei partiti presenti in Parlamento, di maggioranza e opposizione, e il Consiglio dei ministri avrebbe vagliato quali curricula erano migliori». La nomina sarebbe fatta se non saltasse fuori un particolare. È ancora Lotti che parla: «Il Consiglio di Stato deve dare un parere sui nomi presentati e ha dato parere negativo sulla nomina di Mineo, che mi era stata richiesta da Verdini. Motivo per cui la nomina non è andata a buon fine». Perché quel parere negativo? La ragione è un procedimento disciplinare avviato dall'organo di autogoverno per i ritardi con cui Mineo ha depositato le sentenze. Motivo per cui nell'estate del 2020 la Corte dei conti gli chiede di pagare 315mila euro di danno erariale. «Il componente del Cga» scrive il collegio presieduto da Guido Carlino nella sentenza di primo grado «era assolutamente consapevole dell'antigiuridicità della condotta in considerazione della sua preparazione giuridica, anche in ragione del procedimento disciplinare cui era stato sottoposto proprio a causa dei ritardi nella definizione dei procedimenti assegnatigli, esitato in una sanzione disciplinare. Atteso il cospicuo numero delle sentenze depositato in ritardo e l'ingente entità dei ritardi stessi, pare ragionevole anche la quantificazione del danno fatta dalla Procura contabile nel 70 per cento della retribuzione corrisposta.» Aspettiamo ora l'esito del giudizio di appello, che potrà magari ribaltare la sentenza.

Ma questa vicenda ha anche un interessante corollario che riguarda direttamente la politica. Due candidati all'Assemblea regionale siciliana nel 2012 si contendono un seggio. Il primo è Pippo Gianni, e avrebbe vinto. Il secondo, Pippo Gennuso, avrebbe perso per una manciata di voti e fa ricorso al Tar. Inutilmente. Allora fa appello al Consiglio di giustizia amministrativa, dov'è tutta un'altra storia. Si dovrebbero ricontare le schede, ma sono sparite, perciò non restano che nuove votazioni. Gennuso vince, e ritorna all'Assemblea regionale, ma viene indagato per il sospetto di corruzione. Inevitabilmente la storia finisce per intrecciarsi con l'inchiesta sul «Sistema Siracusa», anche perché gli avvocati di Gennuso sono Amara e Calafiore. I giudici lo accusano di aver pagato una tangente per favorire l'accoglimento del suo ricorso e riprendersi il prezioso seggio da deputato regionale. Per uscire dai guai, lui patteggia una condanna a un anno e due mesi. E a ottobre 2020 la presidente del Consiglio di giustizia amministrativa, Rosanna De Nictolis, ribalta le sentenze del suo predecessore De Lipsis, annulla le elezioni vinte da Gennuso e restituisce il seggio a Pippo Gianni.

Questa la situazione al momento in cui il libro va in stampa, con l'avvertenza che ogni sorpresa è possibile.

Ma aspettando che in Sicilia ci si decida a cambiare registro, tagliando per prima cosa il cordone ombelicale con la politica regionale, godiamoci la seguente grande innovazione.

Per rispettare la privacy nelle sentenze più delicate si è finora fatto ricorso agli *omissis*. Questo non succederà più. Anziché gli *omissis* ci saranno ora i nomi di fantasia. Pseudonimi. Tipo «Gaetano Bianchi», oppure «Gaetano Rossi», o ancora «Antonio Neri». Lo ha deciso il Consiglio di giustizia amministrativa con una sentenza su un ricorso contro il Tar. Il suo estensore, Carlo Modica de Mohac, sostiene che con gli pseudonimi le sentenze sono più chiare. E non ledono la privacy. La cosa fondamentale.

3

Alle radici della corruzione

Cento anni fa l'appalto del tribunale

Il 7 luglio 1913 è una data che a Palazzo Spada è cerchiata in rosso. Un lunedì che non si potrà dimenticare. Quel giorno il Consiglio di Stato perde l'innocenza. La circostanza è terribile. L'istituzione più influente, affidabile e ascoltata del Regno d'Italia, composta dalla crema dei magistrati, processa uno dei suoi. Uno di quelli considerati migliori. È Attilio Brunialti, consigliere di Stato e da trent'anni parlamentare. E lo processa per una colpa infamante: la corruzione.

La storia di Brunialti, vicentino di umili origini ma secchione e assai motivato, capace di salire la scala del potere gradino dopo gradino fino a entrare nelle grazie di Francesco Crispi e Giovanni Giolitti e sfiorare la presidenza del Consiglio di Stato, è ripercorsa nel magnifico libro di Guido Melis *Fare lo Stato per fare gli italiani*, pubblicato nel 2014 dal Mulino. Già da come muove i primi passi a Palazzo Spada è chiaro che si tratta di un personaggio tanto competente quanto scaltro. Perché le due cose, per fare carriera in quel mondo, non procedono mai separate. La prova si ha quando nel 1907 deve giudicare un contenzioso delicatissimo, considerando il momento politico. Racconta Melis che il Comune di Alessandria decide di togliere il crocifisso dalle scuole. Ma il prefetto sconfessa la decisione e la Provincia delibera che la spesa per il crocifisso è obbligatoria. A quel punto il municipio di Alessandria presenta un ricorso che finisce alla sezione del Consiglio di Stato di Brunialti. I rapporti fra lo Stato e la Chiesa dopo la presa di Roma sono rimasti sempre sul filo del rasoio. Ancora è in vigore il *Non expedit*, formula con cui la Santa Sede giudica ufficialmente sconveniente la partecipazione dei cattolici alle elezioni politiche dello Stato italiano. Pio X, al secolo Giovanni Melchiorre Sarto, non lo rinnega. Però, quando diventa papa, introduce una prospettiva un po' diversa rispetto a chi l'ha preceduto. Senza mettere niente per iscritto fa dire ai vescovi che si può decidere caso per caso. Dipende da chi sono i candidati. Se il rischio è che il seggio vada a un socialista mangiapreti, non è peccato andare a votare. Ovviamente per l'avversario liberale. Una svolta sotterranea, ma significativa. E Brunialti non dimentica certo di essere arrivato al Consiglio di Stato grazie al liberale Giovanni Giolitti. La sua sentenza è troppo importante. Dare ragione al Comune di Alessandria potrebbe generare un effetto domino in molti altri municipi, complicando i rapporti politici con la Chiesa, che giusto ora, con Pio X, stanno evolvendo verso una fase più distensiva. Così Brunialti rigetta il ricorso con un «escamotage evasivo», per dirla con Melis. La motivazione è che secondo regolamento scolastico i Comuni devono fornire tutte le attrezzature per le aule, comprese le suppellettili. Fra le quali c'è anche il crocifisso. «La cui espulsione» scrive ancora Melis citando la sentenza «non è dunque da considerarsi, "allo stato della legislazione", in alcun modo ammissibile, né più né meno come se si pretendesse di espellere dall'aula la lavagna.»

Motivazione che spiega bene quale dev'essere anche all'inizio del Novecento la qualità di un bravo consigliere di Stato. Non basta la competenza tecnica e la diligenza nella corretta applicazione della legge. Talvolta servono anche intuito e creatività nell'interpretazione di una norma per adattare il giudizio alle necessità della politica. E di sicuro in oltre un secolo attraversato da tutti i regimi questa cosa non è mai cambiata.

Ma ripartiamo da quel 7 luglio 1913. Perché Brunialti è davanti a trentatré suoi colleghi a rispondere di un'accusa così grave? Appena conquistata Roma, nel settembre 1870 appare subito chiaro che in città non bisogna costruire solo ministeri. Ci vuole anche il Palazzo di Giustizia. Per ogni regime che si rispetti è il simbolo più importante del proprio potere. Dev'essere quindi austero, imponente, e incutere timore e reverenza. Per costruirlo ci mettono ventidue anni, un tempo assolutamente in linea con la lentezza delle opere pubbliche di oggi. E il costo esorbitante fa sospettare che in quei ventidue anni siano finite molte caramelle in qualche tasca. Il sospetto serpeggia anche fra i parlamentari, che formano una commissione d'inchiesta per vederci chiaro. Gli undici commissari, cinque deputati e cinque senatori più il presidente Secondo Frola, ex ministro delle Poste e sindaco di Torino, non arrivano a scoprire i beneficiari del presunto malaffare. Ma infilzano Brunialti, accusandolo di una condotta «gravemente scorretta», come riporta Melis. Secondo loro il consigliere di Stato avrebbe brigato per farsi nominare giudice in un paio di arbitrati fra l'amministrazione e l'impresa Borrelli costruttrice del «Palazzaccio», come ormai a Roma tutti lo chiamano. E durante quegli arbitrati avrebbe favorito in modo smaccato l'avversario dello Stato nella disputa. Ma perché mai avrebbe dovuto farlo? Semplice: sarebbe stato ricompensato dal costruttore del Palazzaccio con un villino in via Virginio Orsini nel quartiere Prati, a settecento metri di distanza. Già a quel tempo, con Roma diventata un immenso cantiere per opere pubbliche che sorgono ovunque, gli arbitrati impazzano. Fanno ricche le imprese, ma ci guadagnano anche i consiglieri di Stato che vengono chiamati a dirimere le controversie. Lo scaltro Brunialti si è inserito bene nel meccanismo e ormai è uno dei più gettonati. Dice Melis che dal 1900 ha fatto parte di ben trenta collegi arbitrali. Riportando sempre glorie, si presume. Ma stavolta è diverso. Stavolta è nei guai. Giolitti in persona, che anni prima l'ha nominato, chiede al presidente del Consiglio di Stato Giacomo Malvano che venga sottoposto a procedimento disciplinare.

Il 7 luglio 1913 è uno strazio. Brunialti rigetta le accuse e chiede di potersi difendere. Ma gli viene crudelmente negato. L'udienza è poco più di una formalità. Perché tutto è già deciso. Ad azionare la ghigliottina è un collega, Carlo Schanzer, fedelissimo di Giolitti. Il che rende il tutto ancora più penoso. La mozione che presenta Schanzer, racconta sempre Melis, non lascia scampo. Prende semplicemente atto delle accuse formulate a suo carico dalla commissione parlamentare d'inchiesta per concludere che Brunialti non può più onorarsi del titolo di consigliere di Stato. Ergo, viene rimosso a maggioranza dei votanti con l'ipocrita formula «dispensato per motivi di servizio». E impugnare il verdetto si rivela perfettamente inutile. Anche perché l'organismo competente a giudicare il suo ricorso è il Consiglio di Stato, che l'ha appena messo alla porta.

La loggia fantasma

Dal lontano 1913 più di un secolo è trascorso e non sono mancate altre vicende a creare qualche turbamento nella piccola casta dei consiglieri di Stato. Succede anche nelle migliori famiglie. Un consigliere di Stato fra i più influenti, l'ex segretario generale del Quirinale Gaetano Gifuni, che era stato qualche mese ministro per i Rapporti con il Parlamento nell'ultimo governo di Amintore Fanfani, subisce perfino una condanna a un anno e cinque mesi per peculato. Secondo i giudici che l'avevano accusato un armadio a muro di casa sua sarebbe stato realizzato con legname proveniente dalla tenuta presidenziale di Castelporziano, la cui gestione è affidata al nipote Luigi Tripodi. L'infamante accusa sarebbe stata poi spazzata via nel processo d'appello, senza peraltro che la sentenza di primo grado avesse avuto qualche riflesso: per tutto il periodo Gifuni, ormai pensionato, aveva continuato a occupare il proprio ufficio di segretario generale onorario della presidenza della Repubblica, dirimpetto al Palazzo del Quirinale.

Ci sono state pure inchieste giudiziarie sui concorsi pubblici (e dove non ce ne sono?). Alcuni componenti dell'organo di autogoverno sono finiti indagati per provvedimenti disciplinari presi nei confronti di altrettanti magistrati amministrativi. Per non parlare delle chiacchiere circa presunte infiltrazioni massoniche, e delle polemiche sul fiume di denaro che affluiva in alcune tasche grazie alla distribuzione dei discutibilissimi incarichi arbitrali. Incarichi tutti scandalosamente legittimi.

Ma la corruzione no. Per un magistrato, in un Paese democratico, la corruzione è qualcosa di inconcepibile. È la negazione stessa del concetto di giustizia. Se una sentenza si può comprare come al mercato, significa che lo Stato di diritto non esiste più. Purtroppo fatti di corruzione nella magistratura italiana non sono neppure così episodici. Casi eclatanti come quello sfociato nella condanna in via definitiva a sei anni di carcere per corruzione in atti giudiziari dell'ex ministro della Difesa Cesare Previti rappresentano macchie indelebili nella storia della giustizia repubblicana. Tanto più perché le molte vicende di cronaca seguite a quei fatti hanno dimostrato che nel nostro sistema giudiziario gli anticorpi sono ancora troppo deboli. Possiamo quindi immaginare lo sconforto che invade il Consiglio di Stato ormai da qualche anno. Da quando quella parola, corruzione, si è riaffacciata nei verbali delle inchieste che toccano qualcuno degli appartenenti a quella famiglia. Ben due presidenti della sezione distaccata siciliana finiscono nei guai. Oltre a Raffaele Maria De Lipsis c'è infatti Riccardo Virgilio, indagato per sentenze che riguardano anche gli appalti gestiti dalla Consip, la centrale statale che controlla le forniture pubbliche. Ci sono le rivelazioni dell'avvocato siciliano Amara, che racconta ai giudici fatti sconcertanti, arrivando a rivelare l'esistenza di una loggia massonica coperta battezzata «Ungheria». Una loggia che conterebbe fra i suoi aderenti altissimi funzionari pubblici e perfino un ex presidente del Consiglio, uniti a imprenditori e faccendieri da inconfessabili rapporti d'affari. Dai contorni misteriosi e inquietanti, se davvero esistesse. Tutte cose che quando esce questo libro sono ancora da dimostrare, così come l'eventuale colpevolezza dei magistrati indagati o rinviati a giudizio per corruzione.

Ma se qui è ovviamente impossibile giungere a conclusioni che la giustizia ancora non ha tratto, lo scenario che emerge dagli elementi investigativi e dalle ricostruzioni processuali dice già molte cose. Fa capire come nel piccolo mondo di questi magistrati l'intreccio delle relazioni fra giudici e avvocati con i loro clienti, parti che in un sistema giudiziario corretto dovrebbero di regola essere contrapposte, possa prendere forme capaci di dar luogo a risvolti sconvolgenti per una democrazia. Perché la garanzia per i cittadini di poter contare su una giustizia giusta andrebbe a farsi benedire.

Il caso Russo e le relazioni pericolose

Fra i magistrati indagati per corruzione nell'inchiesta che attraversa la Penisola arrivando fino in Sicilia, dove l'avvocato Amara ha raccontato come si aggiustavano le sentenze, c'è il consigliere di Stato Nicola Russo. Alcuni di loro patteggiano pene abbastanza lievi. Russo invece va a processo. E la condanna che gli infligge la seconda sezione del Tribunale di Roma il 14 settembre 2020 è pesantissima. Il pubblico ministero chiede sette anni e mezzo. Il collegio giudicante tutto al femminile, composto da Anna Maria Pazienza, Maria Concetta Giannitti e Chiara Bocola, gliene appioppa invece undici. La sentenza sancisce che Russo Nicola, classe 1966, tarantino, consigliere di Stato, è colpevole del reato previsto dall'articolo 319 ter del Codice penale: corruzione in atti giudiziari. Pena prevista, da sei a dodici anni. Per comprendere perché il Nostro abbia meritato al processo una mazzata così violenta, fino a sfiorare il massimo della pena, occorre leggere tutte le centoventicinque pagine. Ma qui le motivazioni interessano fino a un certo punto.

Per la giustizia italiana chiunque è innocente fino a condanna definitiva. E in questo caso, all'uscita del libro, siamo ben lontani dall'esito di un procedimento che potrebbe riservare ancora chissà quanti colpi di scena. Perché allora ci concentriamo proprio su questo caso? Capirete dal racconto.

Nicola Russo è consigliere di Stato dal 2000. Prima di essere sospeso dall'organo di autogoverno in seguito alle sue vicende giudiziarie, nel 2017, ha fatto parte del Consiglio di giustizia amministrativa siciliano nella sezione consultiva. Come altri suoi colleghi è un collezionista di incarichi extragiudiziali. Dal 2008 al 2016 ne ha avuti una dozzina. Quattro arbitrati, di cui tre come presidente: Astaldi contro Regione Campania, Carpineto costruzioni generali contro ministero delle Infrastrutture, Casa di cura Villa Betania contro Asl Roma E. Tre incarichi sportivi: uno nei collegi arbitrali della Lega calcio e gli altri due nel tribunale sportivo dell'Automobile club, federazione del Coni. Ruolo nel quale si è prodotto in alcune sentenze su ricorsi di piloti dilettanti insieme ad altri autorevoli colleghi consiglieri di Stato quali Claudio Zucchelli ed Ermanno De Francisco, entrambi in periodi diversi a capo dell'ufficio che a Palazzo Chigi scrive leggi e decreti. Russo è stato quindi nel Tribunale superiore delle acque pubbliche, componente del comitato tecnico dell'Ente dell'aviazione civile e presidente del comitato di sorveglianza della Gdm, impresa in amministrazione straordinaria. Da citare anche un incarico da consigliere giuridico del ministero dell'Istruzione all'epoca di Mariastella Gelmini, autorizzato però mai svolto. E quando la stagione degli arbitrati si è ormai conclusa, il 18 marzo 2016 eccolo assumere la presidenza della commissione per «accordo bonario» fra l'arsenale militare marittimo di Augusta, in Sicilia, e il raggruppamento di imprese Cogetech e Polistana. Insomma, uno degli «arbitratini» nuovo modello. Succede giusto qualche settimana prima che Russo incappi in una disavventura giudiziaria insieme a Stefano Ricucci, uno dei protagonisti delle fallite scalate bancarie del 2005. Gli inquirenti sospettano che abbia ottenuto favori in una causa contro il Fisco dalla commissione tributaria di cui Russo ha fatto parte. È luglio 2016, l'organo di autogoverno avvia la procedura per la sospensione del consigliere di Stato. Una discreta doppia rogna per Russo, ma è ancora niente al confronto di quello che sta per succedere. Lui si difende con le unghie e con i denti. E chi è il suo avvocato? Piero Amara. Lo conferma lo stesso Amara al processo per corruzione a carico di Russo. «A domanda del pm» è scritto nella sentenza, «ricordava che ebbe a difendere Russo Nicola per reati di prostituzione minorile (procedimento penale del 2013) e reati di corruzione (in concorso con Ricucci)...» Amara precisa di aver assunto nell'aprile 2016 la difesa di Russo nel processo per prostituzione minorile costato al consigliere di Stato una condanna in primo grado a un anno e dieci mesi. E di averlo difeso, quanto alla vicenda Ricucci, «nella fase cautelare». Cioè nella battaglia legale contro la Procura che aveva chiesto per lui l'interdizione dalle funzioni di consigliere di Stato. «In entrambi i casi» Amara si sente in dovere di specificare «senza corresponsione di onorari avendo inteso di lavorare *pro bono*» per Russo. Perché, spiega, «era suo amico». Così amico da promettergli che comunque avrebbe pagato, magari a rate. «Promessa cui non seguì mai» chiosa Amara «alcuna effettiva elargizione.» Al momento le vicende non risultano ancora concluse.

Un'amicizia molto particolare, quella fra l'avvocato Piero Amara e il consigliere di Stato Nicola Russo. Quando il primo assume la difesa del secondo nelle grane giudiziarie appena ricordate, i due si sono già incontrati in un'aula di giustizia. Precisamente alla quarta sezione del Consiglio di Stato, nel 2014. In quel caso, però, trovandosi dai lati opposti della barricata. Russo nei panni del giudice che decide il ricorso presentato da una ditta, la Ciclat, esclusa dalla gara Consip per le pulizie nelle scuole; Amara in quelli dell'avvocato della ditta, sia pure per delega di un suo collega, Attilio Maria Toscano. È una delle tante cause che i giudici della seconda sezione del Tribunale di Roma contestano a Russo. In altre due, innescate da ditte soccombenti negli stessi appalti Consip, il presidente dei collegi giudicanti, che danno sempre ragione ai ricorrenti come nel caso Ciclat, è Riccardo Virgilio. Il quale si trova a presiedere anche altri collegi, con Russo consigliere, che accolgono le tesi dell'imprenditore Alfredo Romeo. E ancora per gare bandite dalla Consip.

Ma restiamo all'amicizia fra il consigliere di Stato e l'avvocato. Che è il punto cruciale dell'intera faccenda. Tutto ruota intorno a questo sacrosanto sentimento. In questo caso, difficile dire quanto disinteressato. La sentenza snocciola il lungo elenco dei prestiti che l'avvocato fa continuamente al consigliere di Stato visto che, dice a chi lo interroga, «avevo interesse a mantenere un rapporto perché tra virgolette avrei avuto un giudice a libro paga...». E qui, se le cose stessero davvero come sostiene il verdetto di primo grado, impugnato dall'interessato, la storia dell'amicizia prenderebbe una piega ben diversa.

La cena (con foto) inopportuna

Quello della giustizia amministrativa, l'abbiamo già detto, è un mondo piccolo, dove tutti si conoscono e certi rapporti inevitabilmente finiscono per sconfinare nell'incesto. Anche senza oltrepassare il confine dell'illecito, grazie a interpretazioni così elastiche delle regole da rendere il limite assai mobile. Ma il confine dell'opportunità, quello di sicuro è quasi sempre superato.

Nessuna legge vieta a un avvocato di prestare soldi a un suo amico magistrato, a meno che non sia un mezzo infantile per mascherare la corruzione. Nessuna legge vieta a un magistrato di farsi difendere da un avvocato amico suo; ma se lo stesso avvocato se lo trova di fronte in una causa di cui è giudice la faccenda cambia. Nessuna legge vieta a un magistrato di andare al ristorante con un amico avvocato. E infatti c'è la foto di una cena del 21 maggio 2015 che ritrae i due amici Russo e Amara con le rispettive compagne. Niente da dire. Niente da dire nemmeno sulla presenza allo stesso tavolo di Luca Palamara, allora componente del Csm, della sua amica Adele Attisani e di Fabrizio Centofanti e compagna. Quel giorno le grane giudiziarie di Palamara e Centofanti sono ancora di là da venire. Ma fra i commensali c'è pure Ezio Bigotti, imprenditore del quale Amara, sottolinea la sentenza Russo, è «avvocato storico», e che per risolvere una controversia con un'altra impresa privata sta avviando un arbitrato affidato a un collegio di cui è presidente l'avvocato dello Stato in pensione Giuseppe Orazio Russo, ovvero il papà del magistrato Nicola Russo. E la prospettiva della serata, a osservare quella foto che è agli atti del procedimento, scattata dalla compagna di Nicola Russo, prende un altro tono.

Non è forse lo stesso consigliere di Stato accusato di corruzione a confermare, durante il processo, l'esistenza in quell'ambiente di certe relazioni pericolose? Davanti ai giudici Russo protesta la propria innocenza «sottolineando più volte come nel corso della sua lunga carriera», riporta la sentenza, «egli si sia sempre attenuto a condotte lecite e improntate alla massima correttezza, del tutto trasparenti, con gli avvocati, le parti e i colleghi». Quanto all'arbitrato del quale suo padre Giuseppe Orazio è presidente, che figura fra i capi d'imputazione, il magistrato sostiene che è tutto regolare. Anche perché la nomina del presidente è un diritto delle parti e poi il papà, la cui posizione è stata peraltro archiviata dal giudice per le indagini preliminari, ha sempre mostrato «assoluta indipendenza» svolgendo l'incarico «in maniera del tutto autonoma senza subire condizionamento alcuno». Eppure, secondo i giudici, proprio in quell'arbitrato c'è qualcosa che non convince. La loro tesi è che la nomina del padre di Russo come presidente del collegio sia un favore fatto al magistrato. Anche quello il prezzo della corruzione. Dopo aver detto che è sua l'idea dell'arbitrato per sanare una storia di commesse non andate a buon fine fra l'azienda di Bigotti e quella di Sergio Giglio, Amara mette a verbale di aver concordato la nomina del papà di Russo con l'avvocato della controparte, Stefano Vinti. Raccontando che tutto avviene «in una via che sta a latere rispetto al bar». È il 5 novembre 2015 e il bar è in via Veneto a Roma. Bar Doney. Amara dice che lì ha un appuntamento con Russo e quando arriva trova il consigliere di Stato insieme all'avvocato Vinti. Ecco la sua ricostruzione: «In quella occasione, a mo' quasi goliardico, si parlava della nomina del presidente. Sentendoci discutere dell'arbitrato, Russo ci chiese se potevamo nominare presidente suo padre. Io gli chiesi a che titolo suo padre, poiché non sapevo, mi pare sia stato avvocato dello Stato e quindi aveva un ruolo, un titolo importante. A modo mio stavo facendo una cortesia a Russo che non mi costava niente, e poi dati i rapporti con Russo ritenevo che si trattasse di una nomina che in qualche modo non si sarebbe risolta contro l'interesse dei miei clienti. Lo stesso il prof. Vinti...».

Al dibattimento Vinti smentisce di aver partecipato in prima persona alla nomina di Russo senior. Ma fornendo la sua versione aggiunge qualche particolare interessante su quell'arbitrato che riguardava una disputa fra due imprese private, sempre in relazione a un appalto Consip. Disputa delicatissima, la definisce, in quanto legata a «un accordo stipulato tra le parti, un accordo molto intimo ai limiti della liceità». E spiega come funziona: «Giglio prometteva a Bigotti il 20 o 30 per cento degli affidamenti che avrebbe ottenuto in gara Consip e gli riprometteva gli stessi patti e condizioni, cioè gli stessi prezzi che avrebbe ottenuto dalla stazione appaltante. In modo del tutto anomalo, perché il subappaltatore non può avere lo stesso prezzo, perché l'appaltatore ha un rischio». Accordi del genere sono stati vietati dall'Antitrust. Vinti dice ai giudici che la cosa «non gli piaceva», temendo «in sostanza che le parti facevano finta di scannarsi, e quest'arbitrato potesse anche nascondere uno strumento per legittimare la corresponsione di somme...».

Amara però insiste nella sua ricostruzione. Afferma che «decise subito di assecondare i desideri di Russo» e lo stesso «fece Vinti». E quando il pubblico ministero gli chiede quali argomenti usa Russo junior «per incentivare» la nomina del padre, dice che il magistrato fa una battuta rivolta all'avvocato Vinti, «cioè in relazione alle cortesie che gli avrebbe fatto per la Romeo gestioni. E lui gli ha fatto una pacca sulla spalla ridendo senza dire se sì se no». Testuale nella sentenza.

«Avvocato, così ci fai perdere le cause»

Al processo Russo si difende con veemenza sostenendo che le accuse sono solo frutto delle invenzioni dell'avvocato Amara e del suo socio e collega Calafiore. Due avvocati così scafati da scambiarsi messaggi su Wickr Me, piattaforma, notano i giudici, «che non conserva traccia nei server di riferimento in caso di richiesta dell'autorità giudiziaria e, soprattutto, non è collegata alla rubrica telefonica. Per cui, in caso di sequestro dell'apparecchio, non consente di risalire ai contatti a differenza di WhatsApp». Scafatissimi, vero, ma non del tutto privi di senso dell'umorismo. Almeno se è vero che il nickname di Amara su Wickr è Zorro. Mentre quello di Calafiore è Escobar: decisamente più appropriato.

Ma nelle sue frequenti dichiarazioni spontanee davanti ai giudici che lo stanno processando Russo non risparmia neppure stoccate velenose alla Procura di Roma, responsabile secondo lui di aver condotto «indagini imprecise e volutamente fuori bersaglio, illuminando fatti non costituenti reato». E questo «a fronte di ben altri opachi rapporti fra magistrati e avvocati/imprenditori».

Quali «ben altri opachi rapporti»? Fra consiglieri

di Stato, avvocati e imprenditori che si rivolgono alla giustizia amministrativa possono forse esistere rapporti caratterizzati da opacità ancora maggiori?

Nella sentenza di condanna a undici anni per Russo si racconta un episodio che apre uno squarcio impressionante su quelle relazioni pericolose. Un fatto che con ogni probabilità è la miccia che fa saltare in aria la santabarbara.

Un giorno di luglio 2014 Stefano Vinti si presenta nella sede del Consiglio di Stato. È un famoso avvocato amministrativista, di casa a Palazzo Spada. Sta cercando il presidente della quarta sezione Giorgio Giaccardi. Ma il presidente non c'è. Incrocia una dirigente del consiglio, Livia Patroni Griffi, incidentalmente sorella del presidente del Consiglio di Stato Filippo Patroni Griffi, cui chiede di poterlo incontrare prima possibile. Ma già che c'è spiega a lei il motivo di tanta agitazione. Il fatto è che lui stava seguendo come legale un ricorso, quello della Ciclat, un gigante delle cooperative con 32mila addetti, che contesta l'esclusione dalla gara Consip. Dall'oggi al domani il committente lo sostituisce però con un altro avvocato. Si chiama Attilio Toscano, è figlio dell'ex procuratore di Siracusa Giuseppe Toscano, ed è amico di Amara. La causa ha già avuto un antipasto, con l'ordinanza dell'11 marzo cui si è accennato nelle pagine precedenti che ha dato ragione alla Ciclat, rinviando al Tar la decisione: in quella circostanza, come abbiamo già spiegato, con Russo relatore e Amara avvocato su delega di Toscano che ha rilevato Vinti nell'incarico professionale. Ma ora incombe l'udienza di merito, fissata per metà luglio. E Vinti non si ferma a un algido resoconto. Esterna a Livia Patroni Griffi una preoccupazione per le voci che circolano: teme che Toscano possa «influire in maniera impropria sul giudizio in quanto vicino al relatore del processo Russo Nicola». Ed è questo che la dirigente riferisce subito a Oberdan Forlenza, segretario generale del Consiglio di Stato. Forlenza è un signore dall'aria pacifica. Ma non si gira mai dall'altra parte quando vede qualcosa che non va. Ha cominciato facendo il pubblico ministero a Napoli ed è abbastanza esperto da capire che su una cosa del genere non c'è da scherzare. Chiede a Livia Patroni Griffi di scrivere una relazione sull'accaduto e informa subito il presidente del Consiglio di Stato Giorgio Giovannini. Chiama anche l'avvocato Vinti, al quale prende quasi un colpo apprendendo che quanto ha detto alla dirigente incontrata cercando Giaccardi sta per finire in una relazione scritta. Ma non può che confermare tutto, per filo e per segno. Non senza una punta di imbarazzo, che trapela chiaramente dal resoconto scritto di Forlenza sul suo colloquio con l'avvocato: «Pur sorpreso per la predisposizione della relazione in questione e preoccupato anche a titolo personale per i possibili sviluppi, ha confermato di aver chiesto alla dottoressa Patroni Griffi un incontro con il presidente Giaccardi e di aver anticipato alla stessa le ragioni della sua richiesta». Per poi mettere le mani avanti: «Il professor Vinti, nel confermare la vicenda, ha comunque affermato di aver solo riportato affermazioni fatte da terzi della cui attendibilità non può rispondere».

Preoccupazioni comprensibili, quelle dell'avvocato. Lui stesso racconta ai giudici di essere stato chiamato da Romeo, imprenditore che Vinti assiste nei contenziosi al Consiglio di Stato sugli appalti Consip, e dall'altro suo legale Raffaele Ferola, ex avvocato dello Stato, per sentirsi chiedere «di rinunciare ai mandati perché ritenevano che la vecchia denuncia fatta per la vicenda Russo pregiudicasse l'esito dei giudizi». La sentenza riporta anche una frase precisa che gli sarebbe stata rivolta: «Ci fai perdere le cause». Ma a parte questo episodio poco gradevole, quella storia della denuncia è ben presto acqua passata. I rapporti fra Vinti e Russo tornano amichevoli, e un anno dopo li troviamo a discutere cordialmente al Bar Doney.

È bene precisare che Stefano Vinti non è inquisito in questo procedimento. Né lo è Attilio Maria Toscano.

Forlenza non si ferma qui: opportunamente pensa che sia necessario mettere al riparo i giudici dal pur minimo sospetto. Parla con Russo e gli suggerisce di accettare lo scambio con un collega, sentendosi rispondere: «Non c'è problema». Poi spedisce le carte alla Procura. Nel frattempo la causa Ciclat prende una piega completamente diversa da quella con cui era iniziata. Sicuramente meno favorevole ai ricorrenti. Dopo la sostituzione del relatore Russo con un altro consigliere, il ricorso viene infatti respinto nel merito. E l'avvocato Toscano lascia l'incarico, aggiunge la sentenza, anche se «per ragioni non legate a questa vicenda».

Se «etica» resta una parola vuota

I magistrati intanto scavano. Incastrano Amara e Calafiore e quando i due avvocati cominciano a collaborare vengono alla luce altri particolari delle relazioni pericolose. Anche qui spunta Fabrizio Centofanti, personaggio di cui racconteremo più avanti. È amico di Vinti e di Amara, ed è lui che li fa conoscere. Con Amara condivide addirittura lo studio. Ma è amico pure di Russo. Amara dice di aver conosciuto Russo nel 2013 perché hanno un paio di cari amici in comune: Fabrizio Centofanti e Antonio Serrao, direttore generale del Consiglio di Stato. Da allora «è nata un'amicizia e poi si è sviluppata» al punto che Amara diventa l'avvocato di Russo. Amara e Russo escono con le rispettive compagne. E poi tutti insieme appassionatamente al ristorante. Con un imprenditore cliente, altri giudici, un signore che per lavoro organizza eventi per i magistrati e i loro organi di autogoverno, nonché un influente magistrato del Csm. Un contesto di rapporti che lascia oggettivamente perplessi. Ma forse deve fare ancora più riflettere il fatto che tale contesto non abbia messo in moto gli anticorpi.

In quel mondo tutti sanno quasi tutto di tutti. Se un avvocato amministrativista entra ed esce da Palazzo Spada anche nei giorni in cui non c'è udienza, e va a trovare sempre lo stesso magistrato, e guarda caso è il medesimo magistrato che giudica le cause di quell'avvocato, qualcuno dovrebbe farsi una domanda. Per esempio l'organo di autogoverno, che dovrebbe farsela anche quando si viene a sapere di una cena del genere.

«C'è un discorso di etica pubblica che il magistrato deve avere ben presente, perché i giudici si devono guadagnare il rispetto» dice il presidente del Consiglio di Stato Filippo Patroni Griffi il 15 settembre 2020, il giorno dopo la condanna a undici anni, in primo grado, di Nicola Russo. Che considera un «fatto gravissimo, se confermato fino al giudizio definitivo. I cittadini hanno il diritto di essere giudicati da un giudice terzo e imparziale». Patroni Griffi auspica «un'etica pubblica fatta di preparazione professionale, capacità di ascoltare tutte le parti, umiltà nel giudicare sapendo di incidere nella vita delle persone». Chiede però ai magistrati anche «un comportamento corretto in pubblico e anche in quella parte di vita privata capace di rifluire nel pubblico, come ammoniva Bertrand Russell». Belle parole. Come si fa a non essere d'accordo? Ma senza regole concrete in grado di imporre il rispetto dell'etica e disincentivare comportamenti poco opportuni, restano quelle che sono. Belle parole, appunto.

Un'ulteriore considerazione che stimola questa vicenda riguarda una delle regole fondamentali dell'informazione. Quando si parla di una persona, anche se non porta un nome piuttosto comune come Nicola Russo, accertarsi scrupolosamente che la persona di cui si parla sia quella giusta. Se tutti gli organi di informazione l'avessero seguita, si sarebbe evitato di mettere in seria difficoltà un altro Nicola Russo. Magistrato in servizio alla Corte d'appello di Napoli, ha seguito processi come quello della compravendita dei senatori nel quale era coinvolto Berlusconi, ha fatto il consulente della commissione parlamentare antimafia ed è attivista di Libera. La ministra della Giustizia Marta Cartabia a luglio 2021 lo ha messo a capo del dipartimento Affari di giustizia del ministero. Un pedigree decisamente diverso da quello che la condanna in primo grado attribuisce al suo omonimo consigliere di Stato Nicola Russo. Eppure Nicola Russo è stato letteralmente perseguitato dall'omonimia. Non sono servite a molto le richieste di precisazione e un comunicato di solidarietà dell'Associazione magistrati. La sua faccia con la scritta LIBERA alle spalle accanto agli articoli che parlano di corruzione nella magistratura: l'equivoco è andato avanti per tre anni.

4

Un ragazzetto di Artena

Il sistema Centofanti

Dieci righe sul «Tirreno»: «Domenica a Roma, con una solenne cerimonia nella Basilica di S. Maria in Portico, il ten. Fabrizio Centofanti, portavoce del Ceapar di Pisa, si è unito in matrimonio con la dottoressa Barbara Ciarlone. Il ten. Centofanti è un volto noto ai pisani e non, avendo fatto parte del contingente italiano, prima in Macedonia e successivamente in Kosovo alle dirette dipendenze del gen. Del Vecchio, facendo da portavoce alla missione e apparendo più volte in tv. Al ricevimento svoltosi a Palazzo Brancaccio tra gli invitati figurava una nutrita rappresentanza di militari, giornalisti e volti noti della televisione».

Il quotidiano di Livorno pubblica la notizia nelle cronache rosa mercoledì 18 ottobre 2000. Fabrizio Centofanti è militare di carriera, ma non si è arruolato per tradizione familiare come spesso accade. I suoi hanno una pizzicheria ad Artena, un paese ai margini dei Castelli romani, a dieci minuti da Colleferro, dove il tenente è nato il 19 settembre 1972. «Fabrizio lo conosco da quando era un ragazzetto. Lui è sempre stato intelligente, arrembante. Da giovane era vicino al Movimento sociale. Poi conobbe Sergio Boschiero che lo aiutò a entrare in una dimensione mentale superiore a quella del paesetto» racconta Umberto Croppi a Beatrice Nencha che lo intervista per il sito «nottecriminale.news». Boschiero è da sempre l'indiscusso capo carismatico dei monarchici. Veneto di Breganze, ha vissuto a Roma dal 1960 e muore proprio a Colleferro nel 2015 gettando i nostalgici dei Savoia nella costernazione. A quel punto, però, Centofanti ha già mollato da un bel pezzo gli ormeggi.

Il giorno del matrimonio ha 28 anni appena compiuti e ne ha fatta di strada. Mezzo mondo ha girato, e con responsabilità enormi. Davanti al passo decisivo della sua vita non tradisce però la regola che prescrive: «Moglie e buoi dei paesi tuoi». E all'altare porta una ragazza del paese. Barbara abita ad Artena, a 300 metri dal fidanzato. La sintonia, fra i due e fra le rispettive famiglie, dev'essere assai profonda. Così profonda che ancora prima di sposarsi Fabrizio e Barbara decidono di mettersi insieme pure in affari. Il 13 novembre 1998 aprono un'azienda che commercia in elettrodomestici e mobili. Al business partecipano la mamma di lei e il fratello minore di lui. Ma il tenente Centofanti ha altri pensieri per la testa. La divisa militare comincia a stargli un po' stretta. Perfino quando passa dall'esercito alla Croce rossa. Figuriamoci un negozio di cucine componibili ad Artena. Il suo destino inquadra ben altri orizzonti.

Alla corte di Francesco Bellavista Caltagirone, uno dei tre fratelli palazzinari amici di Andreotti, Fabrizio impara in fretta. Al punto che ben presto l'allievo supera il maestro.

Adesso Centofanti fa l'imprenditore. Ma è un imprenditore particolare, che amministra un sistema di potere con preziosi addentellati nella magistratura. Il fulcro della sua attività è una società di comunicazione fondata nell'estate del 2011. La Cosmec organizza congressi per conto di organi della magistratura, come il Csm o il consiglio della Corte dei conti. Le cose vanno alla grandissima. La sua rubrica trabocca di numeri pesanti. A quei convegni c'è la sfilata delle toghe più prestigiose e nemmeno il Quirinale può rifiutare il patrocinio di certe iniziative. Finché un bel giorno il giocattolo si rompe. Nell'aprile 2017 l'ex *enfant prodige* dell'esercito italiano finisce indagato in un'inchiesta della Procura di Roma su presunti reati tributari. Ma gli inquirenti intravedono anche lo spettro della corruzione. E il 6 febbraio 2018 scattano addirittura le manette. Lo stesso giorno vengono arrestati l'ex pubblico ministero di Siracusa Giancarlo Longo e gli avvocati siciliani Piero Amara e Giuseppe Calafiore. Il tutto accompagnato da un nugolo di avvisi di garanzia. Le contestazioni sono pesantissime: dalla frode fiscale alla corruzione in atti giudiziari. Si ritrova nei guai anche l'ex assessore della giunta capitolina di Gianni Alemanno, Umberto Croppi, quello che conosce Centofanti «fin da quando era un ragazzetto». Perché nel frattempo è stato convinto dall'ex ragazzetto a fare il rappresentante legale della Cosmec. Subisce quindi anche lui il rinvio a giudizio per quel ruolo. Croppi si difende spiegando di avere solo firmato la dichiarazione dell'Iva per conto della suddetta società, di cui è stato amministratore per appena un anno. «Sono certo che in giudizio si chiarirà non solo la mia estraneità ai fatti, ma anche l'insussistenza di questo» dichiara all'Ansa.

La tesi giudiziaria è che esista un sistema corruttivo a largo raggio con l'obiettivo di pilotare le decisioni dei giudici. Le inchieste, come abbiamo già visto, danno esiti sconcertanti. Il presidente di sezione del Consiglio di Stato Riccardo Virgilio è accusato di aver sistemato diciotto sentenze e ordinanze. Il terremoto colpisce anche il suo collega Nicola Russo, il presidente del Consiglio di giustizia amministrativa della Sicilia Raffaele Maria De Lipsis e il giudice della Corte dei conti Luigi Pietro Maria Caruso.

Ma dalle indagini saltano fuori anche regalini di Centofanti all'ex presidente dell'Associazione magistrati Luca Palamara, a una amica e anche a sua sorella. Si parla di un anello da duemila euro, viaggi, soggiorni di piacere, perfino la ristrutturazione di una casa. Tutto pagato dal «piccoletto». Lo chiamano così, in un'intercettazione, Palamara e una sua amica.

Qualcuno patteggia. Gli avvocati Amara e Calafiore, che accettano di collaborare e parlano, ne escono concordando rispettivamente tre anni e due anni e nove mesi. De Lipsis e Caruso patteggiano due anni e mezzo. L'ex pm di Siracusa Longo riesce invece a patteggiare una condanna a cinque anni, divenuta definitiva a luglio 2019, e si dimette dalla magistratura. Russo al contrario sceglie il rito ordinario e in primo grado arriva la botta di cui si è già parlato.

Tutto parte dal Lussemburgo

Al momento in cui questo libro va in stampa la vicenda giudiziaria, al netto dei patteggiamenti già conclusi e delle condanne definitive, è ancora in pieno svolgimento. E va sempre precisato che il patteggiamento non equivale a un'ammissione di colpevolezza. Le inchieste spaziano da Messina a Perugia, fino a Roma. Con gli schizzi di fango che non risparmiano neppure qualche politico. Ma la verità processuale, qualunque sia l'esito dei procedimenti, rischia di essere relegata su un piano secondario rispetto allo scenario impressionante che è rappresentato in questo filone delle inchieste.

I magistrati di Perugia che indagano sulla vicenda Palamara nella quale è coinvolto anche l'ex portavoce dell'esercito, hanno le idee chiare. Per loro Centofanti è «una sorta di anello di congiunzione fra Luca Palamara e il duo Calafiore-Amara». E opera «come rappresentante di tale centro di potere, che ha svolto sistematicamente mediante atti corruttivi di esponenti dell'autorità giudiziaria».

La ricostruzione del sistema Centofanti non può che partire dal numero 31 di Boulevard Grande-Duchesse Charlotte, a Lussemburgo. In un'elegante palazzina che ha l'aspetto di un residence, c'è la sede legale della società Newluxco 2. La proprietà è sconosciuta, anche se gli indizi portano tutti ai margini dei Castelli romani. Dal Granducato, infatti, quella scatola controlla una società di Colleferro che si dovrebbe occupare di energie alternative, pannelli solari o roba del genere. Ma l'attività di Energie Nuove, questa la denominazione, spazia ufficialmente anche in campi completamente diversi. In quello, per esempio, delle pubbliche relazioni e dell'organizzazione di convegni per i magistrati. Fra le sue partecipazioni azionarie c'è infatti la Cosmec di Fabrizio Centofanti. Del resto è tutto in famiglia, perché Energie Nuove, la società custodita in una scatola nel Lussemburgo, appartiene a sua moglie Barbara. Che ci ha investito anche un bel po' di quattrini: 2 milioni 650mila euro fra un maxiaumento di capitale e i soldi spesi per acquistarla formalmente dalla società lussemburghese. Finiti ovviamente nel Granducato. Ma più che sulle energie alternative, l'azienda dei Centofanti pare concentrata su un energico giro di denaro.

Lo scopre un funzionario della Banca d'Italia che passa al setaccio i movimenti finanziari della società fra il 2012 e il 2016. E scrive tutto in un documento, prezioso per capire i motivi che inducono i magistrati a ritenere Centofanti un elemento chiave del sistema. Sul frontespizio c'è scritto: «Unità di informazione finanziaria per l'Italia – Relazione tecnica n. REL201684746 Riferita alla segnalazione di operazioni sospette».

Quel rapporto nasce dal fatto che la sigla Energie Nuove è spuntata in alcuni accertamenti della Banca d'Italia sulle cosiddette società di scopo denominate Ligestra costituite negli anni passati dalla holding statale Fintecna, l'erede dell'Iri, per sistemare le partite creditorie di enti pubblici falliti o disciolti. Tipo l'Efim, per capirci. È saltato fuori che intorno a quelle società di scopo c'è un giro d'affari poco chiaro. Scattano subito le indagini della Finanza, che portano all'arresto di alcuni funzionari accusati di aver svenduto crediti e partecipazioni dello Stato, e della cosa viene interessata anche la Banca d'Italia per le necessarie verifiche. In quella occasione emerge che fra i vari soggetti che hanno incassato, testualmente, «cospicui fondi derivanti dal soddisfacimento di crediti di natura pubblica» c'è anche la Energie Nuove della moglie di quell'ex tenente dell'esercito così attivo con i magistrati. Un'altra moglie che ci mette la faccia al posto del marito, tanto per non infrangere una scontata consuetudine?

La Cosmec e l'ex giudice presidente

Così i riflettori si accendono pure sulle attività dei Centofanti. E vengono alla luce un sacco di cose. Fra l'altro, un bonifico da 250mila euro destinato alla «compravendita di crediti relativi al fallimento di Magiste

International». È la società lussemburghese di Stefano Ricucci, l'odontotecnico di Zagarolo già fra i protagonisti delle fallite scalate bancarie dell'estate 2005, fallito a sua volta, rimasto famoso per averla marchiata come la stagione dei «furbetti del quartierino». E finito nel 2017, come abbiamo visto qualche pagina prima, in un'inchiesta giudiziaria insieme al consigliere di Stato Nicola Russo, assistito nell'occasione dall'avvocato Amara. Curioso.

Che un'impresa di energie rinnovabili concentri sforzi su speculazioni finanziarie, infatti, è oggettivamente curioso. Ma non bisogna neppure dimenticare la partecipazione in quella società, la Cosmec, che organizza convegni per magistrati al massimo livello. Cosmec: Centro organizzativo seminari, mostre, eventi e comunicazione. Altro fatto piuttosto singolare, per un'azienda che dovrebbe progettare campi fotovoltaici, pale eoliche o impianti idroelettrici.

La Cosmec parte subito a razzo. Nei soli primi sei mesi di attività ha già fatturato 215mila euro realizzando un discreto utile. A quel punto passa di mano, tecnicamente con una donazione a un'associazione culturale senza scopo di lucro. Associazione culturale Cosmec, è il nome. La ragione? Forse una forma più elegante per un promettente affare economico, considerando il target cui è rivolto? Ecco allora un comitato scientifico in piena regola, con tanto di magistrati. E alla presidenza dell'associazione arriva una figura prestigiosa qual è Chiarenza Millemaggi, messinese, classe 1937, ex magistrato del Consiglio di Stato.

Il funzionario della Banca d'Italia annota nell'informativa che sui conti di Energie Nuove arrivano molti soldi da un'altra impresa apparentemente dello stesso settore. È la Da.Gi. Un'impresa, segnala il rapporto, che ha appena comprato una società immobiliare, la Roma uno. Lo segnala per un comprensibile motivo. Ossia il nome dei venditori: Francesco Saverio Romano, parlamentare di Forza Italia, ex ministro dell'Agricoltura nell'ultimo governo Berlusconi, amico per la pelle di Amara, e sua moglie Stefania Martorana. Prezzo, 660mila euro.

Ma non è questo dettaglio a qualificare la Da.Gi., sede legale a Martina Franca, in provincia di Taranto, società che in un paio d'anni bonifica ai Centofanti la rispettabile cifra di 528.980 euro con la causale «progetto idroelettrico», come una ditta di fonti rinnovabili *sui generis*. Il fatto è che la sua proprietaria al 90 per cento è ancora una volta una moglie. Sebastiana Bona: la moglie di Piero Amara.

Le verifiche su uno dei conti correnti della ditta della signora Amara dicono che viene alimentato anche da pagamenti, disposti a fronte di regolari fatture, di imprese come quella di Ezio Bigotti e il consorzio Ciclat, che partecipano alle gare Consip e che abbiamo già incontrato nella sentenza Russo.

Amara Connection

Ma la Da.Gi. merita attenzione anche per altre ragioni. Amara rivela ai giudici che «nel corso degli anni aveva accantonato il denaro necessario a pagare i funzionari corrotti utilizzando i propri conti personali e quelli dei collaboratori». Che sarebbero poi i rappresentanti legali delle società riconducibili a sua moglie Sebastiana Bona: la Da.Gi., la Gi.Da. e la Entropia Energy. La provvista in nero veniva accumulata con diversi sistemi, anche con prestiti simulati.

Nella sentenza Russo si racconta di un «contratto generale di assistenza e consulenza aziendale per affari legali» sottoscritto da Ezio Bigotti con la Da.Gi. Contratto «dal quale derivava il conferimento alla società di Amara dell'incarico di patrocinare in giudizio tutti i diritti di Ciclat spa e Sti». E «si è anche visto esaminando la documentazione relativa ai provvedimenti adottati dal Consiglio di Stato» continuano i giudici «come la Da.Gi. si rivolgesse per tali contenziosi al professionista avv. Attilio Toscano». Infatti il documento della Banca d'Italia segnala sei bonifici della Da.Gi. a Toscano, per un totale di 38mila euro.

La sentenza contiene poi un lungo elenco di società che fanno capo alle figure chiave delle indagini. Sono più di trenta. Sei riferibili a Centofanti, dodici a Calafiore e quattordici ad Amara. E il documento della Banca d'Italia mette in luce, quantificandoli, alcuni intrecci economici. Tipo il passaggio di denaro dalla società di Amara e quella di Centofanti, confermato peraltro negli atti del processo al giudice Russo. Dove si citano anche le fatture della società di Centofanti emesse nel 2013 verso la P&G Corporate, riconducibile alla coppia Amara-Calafiore.

Nell'elenco delle società di Amara, a dire la verità, ne manca una. Sarà perché è stata messa in liquidazione, oppure perché l'avvocato di Augusta ne possiede una quota minima, di appena il 10 per cento. Eppure la Teletouch srl rende ancora più palpitante lo scenario. Il 12 maggio 2017 Emiliano Fittipaldi e Nello Trocchia pubblicano un'inchiesta sull'«Espresso» che svela un dettaglio sorprendente. I due scoprono che c'è un'altra segnalazione dell'Unità di informazione finanziaria della Banca d'Italia nella quale si dà conto di un bonifico di 751mila euro da un conto del Credit Suisse di Zurigo a una società maltese, la Investment Eleven ltd. Il conto è del presidente di sezione del Consiglio di Stato, Riccardo Virgilio. Quei soldi provengono dall'eredità di una ricca parente e sono in Svizzera da un bel po'. Perché finiscono a Malta? Fittipaldi e Trocchia hanno letto un verbale della Investment Eleven datato 13 maggio 2017, dove c'è scritto che «la società ha sviluppato un accordo con il signor Riccardo Virgilio». Accordo che serve a finanziare alcuni affari nel settore petrolifero ma anche la Teletouch, società nella quale ha interessi l'avvocato Amara e che ha in essere un memorandum d'intesa con Telecom Italia per una particolare tecnologia. Interpellato dall'«Espresso», Amara ha confermato: «L'operazione è stata tutta tracciata. Il presidente Virgilio ha fatto un bonifico con nome e cognome. Ha anche messo la causale "finanziamento socio"». Ma è un buco nell'acqua. Il 29 novembre 2017 la Teletouch viene messa in liquidazione. Il capitale è sceso sotto il minimo legale e a ripianare le perdite i soci non ci pensano affatto. Il sodalizio d'affari tra Virgilio e un gruppo di persone fra cui c'è un avvocato che il giudice si è già trovato di fronte in alcune cause a patrocinare ricorsi vittoriosi finisce così. Ed è francamente difficile pensare che si sia trattato di una semplice coincidenza.

Ma questa storia è piena zeppa di intrecci e strane coincidenze.

Per esempio, una coincidenza è che al Consiglio di Stato lavora come funzionaria Barbara Ciarlone, moglie di Fabrizio Centofanti nonché proprietaria della società Energie Nuove in affari con la società della moglie dell'avvocato Amara accusato di aggiustare i verdetti del Consiglio di Stato. E la funzionaria Ciarlone, arrivata a Palazzo Spada dalla Provincia di Roma insieme ai dipendenti delle Province dirottati con la riforma di Graziano Delrio agli uffici giudiziari, è stata in servizio alla quarta sezione: quella presieduta da Riccardo Virgilio.

Magistrati che vendono quadri

Nel documento della Banca d'Italia si racconta poi che Energie Nuove versa nel giro di un anno 22.444 euro a Paola Perisi. Sono pagamenti di parcelle legali. Avvocato del foro di Cagliari, Paola Perisi è amica del consigliere di Stato Carmine Volpe.

Gli accertamenti della Banca d'Italia si allargano a macchia d'olio alla galassia Centofanti. E inevitabilmente si finisce per ficcare il naso anche nella Cosmec, la società che organizza i congressi per la magistratura regalata con una donazione all'associazione culturale presieduta dall'ex consigliera di Stato Chiarenza Millemaggi. Qui spunta di nuovo Paola Perisi. A lei e al giudice Volpe la Cosmec versa rispettivamente 534 e 2400 euro per i loro interventi a qualche workshop.

Va detto che corrispondere piccoli compensi ai relatori è assolutamente normale. Come normale è il rapporto di collaborazione con altre ditte nell'organizzare eventi particolarmente complicati. È il caso del Salone della giustizia, inventato nel 2009 dall'ex presidente della commissione Giustizia del Senato Filippo Berselli, già parlamentare missino poi passato ad An, al Pdl, quindi al Nuovo centrodestra di Angelino Alfano, per candidarsi infine nel 2018 con Casapound. La collaborazione con la Cosmec frutta alla Iuscom di Formello 32.940 euro. La società è di proprietà di Francesco Arcieri, storico portavoce di Berselli. Arcieri è presidente onorario del Salone, dove fra gli altri ha un posto la giornalista Anna La Rosa. Presidente del Salone è l'ex magistrato del Consiglio di Stato Carlo Malinconico.

E anche questo non farebbe una piega. Ciò che invece quadra meno sono proprio i quadri. Nel settembre 2014 la Cosmec compra una tela che rappresenta un paesaggio urbano in chiave astrattista. Per 3600 euro, nemmeno troppo caro. Ma non è per il suo costo che l'affare merita una sottolineatura nel rapporto di Bankitalia. È per l'autrice del quadro:

Solveig Cogliani, pittrice per diletto, magistrato per lavoro. Ex giudice del Tar e ora anche lei al Consiglio di Stato, è la figlia di Chiarenza Millemaggi, la presidente dell'associazione culturale Cosmec che l'anno prima ha contribuito a organizzare la sua mostra personale alla galleria Michelangelo di Roma. Nel 2005 le strade professionali di mamma e figlia hanno perfino rischiato di incrociarsi, come ha rivelato Giovanna Vitale su «la Repubblica». La sezione del Tar di cui fa parte Solveig Cogliani esclude dalle elezioni regionali del Lazio la lista Alternativa sociale di Alessandra Mussolini. Che però fa ricorso al Consiglio di Stato. E la causa finisce alla sezione di Chiarenza Millemaggi, prefigurando un imbarazzante cortocircuito familiare. Allora la mamma, opportunamente, sceglie di non partecipare al giudizio. Che comunque ribalta la precedente decisione del Tar della figlia ammettendo nuovamente alle elezioni la nipote del Duce.

Il quadro, come detto, arriva sul finire dell'estate 2014. Esattamente un anno prima, nell'agosto 2013, la Cosmec ne ha acquistato un altro. Ma a un costo ben diverso, secondo quanto ricostruito dalla Banca d'Italia: 312mila euro. Cifra enorme in assoluto, ancor più se la somma, questo è il caso, equivale al fatturato di un anno intero del compratore. In più, anche qui a vendere è un magistrato. Si chiama Massimiliana Battagliese. È giudice del Tribunale civile di Roma e i suoi rapporti con la Cosmec, dice la Banca d'Italia, «sembrano risalire nel tempo, ancor prima della compravendita del quadro». Da cosa si capisce? Dal fatto che il 4 dicembre 2012 la Cosmec organizza al Palazzo delle Esposizioni di Roma la presentazione del suo libro *Eva, Dio e gli alieni*.

Massimiliana Battagliese incassa per il quadro 262mila euro. Gli altri 50mila vanno alla comproprietaria (evidentemente di minoranza) del dipinto, che non è un giudice. Il rapporto spiega che in realtà il magistrato Battagliese ha avuto 380mila euro: ai 262mila euro per il quadro si sommano altri 118mila euro recapitati dalla Jaed immobiliare, altra società della galassia Centofanti. A proposito di questo secondo versamento «non sono emerse informazioni di dettaglio». Ma l'opera pagata quella cifra faraonica, che fine ha fatto? Intervistato da Luca Chianca della trasmissione «Report» di Sigfrido Ranucci, l'ex presidente della Cosmec Umberto Croppi, che ha preso in mano le redini della società a gennaio 2016, allarga le braccia: «Io non ne so nulla. Non me lo sono trovato neanche nel patrimonio della società, quindi non glielo so dire. Come è entrato dev'essere anche uscito. Proprio non ne so nulla».

Il viale del tramonto

La Banca d'Italia accerta che alla Cosmec i soldi arrivano da alcune grandi aziende, anche pubbliche. Fra il gennaio 2013 e l'aprile 2016 Eni, Enel e Gse accreditano su un conto della società di comunicazione 158.600 euro. Nella lista dei contributori, quindici in tutto, ci sono cliniche private, banche, e perfino società di proprietà estera.

Una di queste è la Siram spa. Fra l'11 giugno 2014 e il 16 febbraio 2015 accredita 69.911 euro sul conto corrente presso la Banca di credito cooperativo della Cosmec di Centofanti. Identificata, nel rapporto di Bankitalia, come la stessa Siram controllata dal grande gruppo francese Veolia che ha in corso una battaglia legale al Consiglio di Stato. E ce l'ha proprio contro la società di Ezio Bigotti, l'imprenditore amico e cliente di Amara, che gli ha fatto perdere tre appalti milionari Consip per un cavillo che ha mandato su tutte le furie i francesi. Qualche tempo prima la società di Bigotti ha rilevato dalla Siram un ramo d'azienda considerato marginale dal venditore, e con quella operazione ritiene di aver acquisito anche tutte le attestazioni necessarie per la partecipazione alle gare pubbliche. Veolia lo contesta, ma intanto la sua Siram viene tagliata fuori. Fa ricorso, ma il 20 ottobre 2015 la sezione del Consiglio di Stato presieduta da Riccardo Virgilio gli dà torto accettando la tesi dell'avversario.

Grazie ai denari degli sponsor la Cosmec organizza gli eventi con i magistrati, e provvede a tutti i pagamenti connessi. Stipendi, forniture, e ogni cosa serva a mandare avanti l'attività. Ma in quel vortice di quattrini affiora di tanto in tanto qualche traccia della politica.

Dalla fine di maggio 2015 all'inizio di aprile 2016 la Cosmec versa in varie tranche la somma complessiva di 35mila euro a Maurizio Venafro, capo di gabinetto della Regione Lazio presieduta da Nicola Zingaretti. Mentre la sua consorella Energie Nuove ne bonifica 54.100 a un tal Giuseppe Cionci.

Processato e assolto al processo per Mafia capitale, Venafro viene rinviato a giudizio insieme a Centofanti e ad altri sedici nel filone riguardante le presunte fatture false dell'inchiesta sulle sentenze pilotate del Consiglio di Stato. Il procedimento è in corso al momento in cui questo libro va in stampa.

Quanto a Cionci, il 6 agosto 2015 Carlo Bonini tratteggia su «la Repubblica» il suo profilo: «Direttore generale del giornale "L'Ora" di Palermo dall'89 al '90, quindi editore di "Cinque giorni", quotidiano free press ostile alla Giunta Alemanno, e soprattutto amico di lunga data di Zingaretti, architetto della sua lista civica nel 2008, quando venne eletto presidente della Provincia e quindi tra i fundraiser del suo comitato elettorale per l'elezione a governatore del Lazio».

Nel momento in cui l'Unità di informazione finanziaria della Banca d'Italia termina il suo rapporto, la parabola dell'imprenditore Centofanti ha già imboccato inesorabilmente la china discendente.

Il 6 aprile 2017 è indagato per corruzione. Il 6 febbraio 2018, come detto, lo arrestano. E a luglio Barbara Ciarlone si libera di tutto, dopo essersi liberata anche del marito. Vende Energie Nuove a una società del fratello minore, Dario Ciarlone. Vende facendo mettere bene in evidenza nel verbale steso dal notaio «di essere legalmente separata» da Centofanti. Il prezzo? Un euro. Un solo euro per una società costata sulla carta ben 2 milioni 650mila euro. Difficile da credere che sia il prezzo giusto. Ma Energie Nuove è ormai sul lastrico, dice il contratto: nella «situazione patrimoniale provvisoria al 31 dicembre 2017 il capitale risulta interamente azzerato e la società priva di risorse per il suo risanamento».

Perciò non vale più niente. Al massimo, 1 euro. Anche se dal bilancio al 31 dicembre 2017, approvato dai nuovi soci solo il 17 giugno 2019, emerge una situazione radicalmente diversa. Così diversa che nel verbale dell'assemblea, come pure nella nota integrativa, non si fa alcun accenno a una tragica crisi aziendale. Vero che il gruppo ha chiuso in perdita il bilancio per 109mila euro, ma l'anno prima ha fatto 261mila euro di utili. E comunque, pur con alti e bassi, da quando Energie Nuove esiste ha accumulato 242mila euro di profitti. Il capitale, di conseguenza, non può essere tecnicamente evaporato: infatti il patrimonio netto al 31 dicembre 2017 è ancora di 1 milione 235.893 euro. Altro che «capitale interamente azzerato». Per non parlare del valore delle partecipazioni, 1 milione 674.182 euro.

A differenza di Energie Nuove, la Cosmec naviga davvero in cattive acque. Con tutto quello che è successo le perdite hanno bruciato il capitale e la società va in liquidazione. Il 13 ottobre 2020, mentre la bufera giudiziaria imperversa, anche l'associazione culturale viene sciolta. Della sua liquidazione si occupa

Fabrizio Centofanti, che il 2 dicembre 2020, in attesa del processo, vende la Cosmec a Energie Nuove, restituendola in tal modo al donatore iniziale. Il prezzo, anche qui, è di 1 euro. Un solo euro. E il cerchio si chiude. Molti interrogativi, invece, restano aperti.

5

Il palazzo delle meraviglie

Meglio laici che togati

La questione è così assurda che volendo si poteva liquidare con un'alzata di spalle. Invece diventa persino oggetto di una riunione, dove si discute animatamente. Ci sono due consiglieri di Stato eletti nell'organo di autogoverno e che per questo motivo chiedono l'indennità di missione. I loro colleghi si guardano in faccia fra sbalorditi e perplessi. Entrambi hanno ovviamente l'ufficio a Palazzo Spada, e ovviamente la sede di servizio è Roma. Uno ha avuto però l'autorizzazione a risiedere in una città diversa. E l'altro argomenta che il Consiglio di giustizia amministrativa è comunque cosa differente rispetto al Consiglio di Stato. Ma pretendere l'indennità personale di missione per andare da una stanza all'altra del medesimo palazzo, e soltanto perché si indossa un cappello diverso, be', sarebbe proprio il colmo.

Il Csm dei magistrati amministrativi, al cui vertice siede il presidente del Consiglio di Stato, è formato da quattro consiglieri di Stato e sei giudici dei Tar eletti dai loro colleghi più quattro persone nominate dal Parlamento, due deputati e due senatori. I magistrati che ne fanno parte non sono pagati, a differenza dei quattro membri laici. Sarà per questo che viene fuori quella bizzarra pretesa? Boh. Il fatto ancora più incredibile è che la bizzarra pretesa viene accolta. E uno dei due pretendenti se la vota pure. Anche se l'indennità di missione, una cifra compresa fra 350 e 400 euro per ogni giorno di seduta, sarebbe comunque ben poca cosa al confronto del compenso spettante ai nominati dalle Camere. Sono 564mila euro, secondo il bilancio di previsione 2021. Che diviso quattro fa 141mila euro a cranio. Tondi tondi. Al netto, naturalmente, delle «spese per missioni ai componenti del Consiglio di presidenza della giustizia amministrativa», capitolo di bilancio 1252, cifrate nelle previsioni 2021 in altri 442mila euro. Parte dei quali, ovviamente, serve per le missioni dei quattro laici. Direte: hanno un compito di grande responsabilità, che va giustamente retribuito.

Già, ma in cosa consiste il lavoro? Sarebbe forse riduttivo dire che la maggior parte del tempo si passa ad autorizzare incarichi tipo quelli nella giustizia sportiva, che hanno davvero poco a che fare con ciò per cui i magistrati vengono pagati. Ci sono le nomine, naturalmente, e poi le altre faccende interne alla corporazione, come i (rarissimi) provvedimenti disciplinari. Tutte cose importantissime, certo. Ma non abbiamo già per tali incombenze un Consiglio superiore della magistratura, l'unico organo di autogoverno che sia previsto dalla Costituzione? E consiglieri di Stato e giudici del Tar non sono forse magistrati? Perché allora deve esistere un altro organo di autogoverno solo per loro, separato dal Csm dei giudici ordinari, per giunta con regole diverse, per esempio su incarichi extragiudiziali che qui sono ammessi e lì invece vietati, e diverse perfino per i membri nominati dal Parlamento?

Durante il loro mandato i componenti «non togati» del Csm non potrebbero occuparsi d'altro: per esempio, né esercitare il mestiere di avvocato e neppure, per i professori, proseguire l'insegnamento. Ai loro colleghi del Consiglio di giustizia amministrativa è invece concesso. Con l'unico vincolo, riguardante gli avvocati, del doversi astenere dal trattare cause amministrative. Infatti i membri laici del Consiglio di giustizia amministrativa continuano serenamente a esercitare il proprio mestiere.

Un esempio? L'ex presidente del Consiglio Giuseppe Conte, membro laico del Consiglio di giustizia amministrativa fino al 27 febbraio 2018. Nel 2017 ha patrocinato insieme a Guido Alpa un ricorso promosso dall'ex segretario confederale della Cisl e dirigente della Croce rossa, Aldo Smolizza, contro la Corte dei conti.

E di sicuro non ha interrotto l'attività Maurizio Leo, fondatore e titolare di un affermato studio legale e tributario, nonché professore alla Scuola nazionale d'amministrazione con incarico conferitogli il 17 marzo 2021. Ex parlamentare di Alleanza nazionale e poi del Pdl, ex assessore al Bilancio dell'ex sindaco di Roma Gianni Alemanno, è nel Consiglio di giustizia amministrativa dal 2018. E per più di un anno ne è stato vicepresidente.

Neppure da politico l'avvocato tributarista Leo ha mai mollato la presa sul campo d'azione professionale. Per anni è stato presidente della Commissione parlamentare di vigilanza sull'anagrafe tributaria. Ma neppure, una volta terminato il mandato parlamentare ed entrato di fatto nei ranghi della magistratura, ha mollato la presa sulla politica. Sposata la causa dei Fratelli d'Italia di Giorgia Meloni, nel 2020 si è candidato alle suppletive per la Camera nel collegio di Roma. Soccombendo, per la cronaca, nei confronti del candidato del centrosinistra, il ministro dell'Economia e futuro sindaco di Roma Roberto Gualtieri.

Una presidenza non si nega a nessuno

Quanto ai magistrati, alcuni meccanismi di carriera interna hanno qualcosa di funambolico. Come se fossero stati ispirati dalla magia illusionistica della Galleria Spada del Borromini, che affaccia sul cortile del palazzo sede del Consiglio di Stato. La volle nel 1652 il cardinale Bernardino Spada che aveva comprato il Palazzo Capodiferro vent'anni prima ingaggiando per la ristrutturazione l'architetto Francesco Borromini. La lunghezza della galleria non arriva a nove metri, ma l'illusione ottica generata dalla falsa prospettiva del colonnato interno, della volta e del pavimento, la fanno apparire di almeno trentacinque. Alla metà dell'Ottocento il pronipote del cardinale, Clemente Spada, fece collocare in fondo al colonnato una statuetta di epoca romana, alta appena 60 centimetri, raffigurante un guerriero, che però grazie al gioco della prospettiva appare come una figura umana a grandezza naturale.

In accordo con quello scherzo prospettico un quarto circa dei 130 componenti del Consiglio di Stato ha lo status di presidente di sezione. Oggi sono 32, più del doppio di quelli previsti dalla legge del 1982 che ha riformato il Consiglio di Stato: al massimo 15. Anzi, 18. Perché ai 15 si dovrebbero sommare i tre destinati al Consiglio di giustizia amministrativa per la Regione siciliana. Questo almeno dice la pianta organica: i presidenti di sezione sono 18, di cui tre per la sezione distaccata in Sicilia. Non c'è però nulla di più malleabile delle piante organiche. Quindi si interpreta nel senso che i tre presidenti siciliani si sommano ai 18. Così arriviamo a 21. L'aritmetica non è un'opinione. E da 21 a 24 il passo è breve. Basta allargare ancora un poco la pianta organica, tenuto anche conto che ci sono alcune nomine obbligate, come quella del consigliere giuridico del Quirinale, Giancarlo Montedoro. Il quale, dopo anni di onorato servizio, merita un riconoscimento. Ma 24 non sono certo 32. Ne avanzano otto, ed è il segnale che qualcosa non torna. Ricorda, la storia, quel qualcosa che non torna in altri pezzi della nostra amministrazione. Il segreto che ha fatto lievitare come la panna montata il numero dei presidenti di sezione è anche in questo caso il «fuori ruolo». Un presidente di sezione che va «fuori ruolo» per assumere un incarico al governo, per esempio capo di gabinetto di un ministero, libera un posto, che viene occupato da un altro consigliere di Stato nominato anch'egli presidente di sezione. Senza che, ovviamente, il suo collega andato «fuori ruolo» venga privato del titolo. Importante per fare carriera.

Il massimo del giochetto si verifica un giorno di marzo del 2017, quando per fare un presidente di sezione se ne nominano addirittura tre. Una presidenza della prima sezione, quella che si occupa degli atti normativi, è vacante e il posto va assegnato. Il primo della lista per anzianità, visto che quello è il criterio predominante per procedere alle nomine, è Roberto Garofoli. Che ottiene senza indugio l'investitura. Ma è fuori ruolo, in quanto capo di gabinetto del ministro dell'Economia Pier Carlo Padoan. Dunque non può presiedere la sezione. Allora si deve nominare un secondo presidente, il secondo della lista per anzianità. È Roberto Chieppa, figlio d'arte: anche suo padre Riccardo è stato consigliere di Stato. Chieppa junior viene promosso su due piedi. Ma anch'egli è fuori ruolo. Sta facendo il segretario dell'Antitrust e di conseguenza è impossibilitato materialmente a presiedere la sezione. E si deve passare alla nomina del terzo presidente. Il terzo della lista per anzianità: Gerardo Mastrandrea. Che in quel momento non ha particolari impegni, se non quello nella giustizia sportiva. Perché non hanno nominato direttamente lui anziché nominare altri due presidenti impossibilitati a presiedere? Bella domanda... E perché le forze armate italiane hanno 480 generali, la metà di quelli dell'intera macchina bellica americana, ma con un decimo degli organici?

Quella vicenda dei tre presidenti nominati nello stesso giorno per coprire un solo posto vacante è così razionalmente ingiustificabile da causare non pochi mal di pancia. Perciò il nuovo organo di autogoverno nominato nel 2018 decide di cambiare registro. Non proprio tutti sarebbero d'accordo. Ma a far pendere la bilancia dal lato di un maggior rispetto della legge, se non della misura, contribuisce un caso che si verifica quasi subito. C'è in ballo la nomina a presidente di sezione del consigliere Sergio De Felice. Quando però si vota, la maggioranza del Consiglio di presidenza della giustizia amministrativa è contraria. Il motivo? De Felice è fuori ruolo: fa il capo di gabinetto del presidente della Regione Campania Vincenzo De Luca. Allora lui si dimette e, a dicembre 2018, torna nei ranghi della magistratura. Il rientro in ruolo gli consente di avere la promozione, senza però mollare De Luca. L'11 gennaio 2019 l'organo di autogoverno lo autorizza ad assumere un incarico di «esperto giuridico presso gli uffici del presidente della giunta regionale della Campania». Cinquantamila euro lordi l'anno. Più lo stipendio da magistrato, s'intende.

Perché il Consiglio di presidenza assuma una posizione più decisa deve passare ancora un annetto. E, verso la fine del 2019, ecco una delibera che mette nero su bianco un principio: chi vuole essere nominato presidente di sezione dev'essere in ruolo da almeno sei mesi. Il minimo sindacale. Anche perché, a voler essere pignoli, ci sarebbe pure la legge del 1982 con la quale sono state fissate le regole di fondo per il Consiglio di Stato, dove c'è scritto che un presidente di sezione non può andare fuori ruolo per tre anni a far data dalla nomina. Un'altra legge che chi scrive le leggi non ha mai applicato a sé stesso.

Passano però soltanto poche ore e accade l'incredibile. Il governo Conte II cancella la delibera con un decreto legge che consente di nominare presidente di sezione anche chi è fuori ruolo. Prima di approdare alla presidenza del Consiglio l'avvocato Conte è stato componente laico del Consiglio di presidenza della giustizia amministrativa insieme al capo dell'ufficio legislativo di Palazzo Chigi Ermanno De Francisco, che ha portato con sé al governo. Corre l'obbligo di ricordare che l'organo di autogoverno del quale entrambi hanno fatto parte è lo stesso che nel 2017 ha nominato tre presidenti di sezione per farne uno.

La storia, tuttavia, non finisce qui. Nel 2021 Francesca Quadri rientra in ruolo dopo aver lasciato l'incarico di coordinatrice degli uffici legislativi di Tesoro e Finanze. E pure lei ha la promozione a presidente di sezione. Qualche mese dopo la nomina, arriva però al Consiglio di Stato una lettera della ministra per il Sud, Mara Carfagna. Vuole Francesca Quadri capo di gabinetto del ministero. Alla luce della famosa norma dei tre anni che devono passare dalla nomina a presidente di sezione a un nuovo collocamento fuori ruolo, la cosa è impensabile. Altrettanto impensabile è pure che Francesca Quadri possa restare in ruolo mentre guida il gabinetto di un ministro. La cosiddetta legge Severino prescrive che i magistrati con incarichi apicali nei ministeri vengano obbligatoriamente collocati fuori ruolo. Come uscirne? Ci pensa il presidente del Consiglio di Stato in persona, Filippo Patroni Griffi, ad autorizzare il suo fuori ruolo con un decreto d'urgenza. Scontata sarebbe la conferma del decreto presidenziale da parte dell'organo di autogoverno, che però con una decisione senza precedenti lo boccia. Con il risultato che Francesca Quadri dovrebbe lasciare il ministero e tornare a Palazzo Spada. Ma la ministra Carfagna non ci sta. E scrive di nuovo una lettera accorata nella quale prega di risolvere il problema, perché senza Francesca Quadri il ministero non va proprio avanti. Le menti giuridiche più raffinate si mettono al lavoro e sfornano questa soluzione: alla consigliera Quadri si dia un'autorizzazione provvisoria per l'incarico di capo di gabinetto fino a metà 2022, senza collocamento di fuori ruolo. Almeno un paio di leggi aggirate su richiesta di un ministro. Cose mai viste.

Carissima informatica

Guardando le carte del Consiglio di presidenza che per fortuna sono pubbliche e soprattutto consultabili, grazie alle norme volute dal governo di Mario Monti fra il 2012 e il 2013, anche altre domande andrebbero fatte. La prima: come si spiega il fatto che le spese per la magistratura amministrativa siano aumentate di oltre il 40 per cento in sette anni? Il bilancio di previsione del 2013 stabiliva inizialmente un costo di 228 milioni e mezzo per il funzionamento di tutta la macchina. Con quello del 2020 siamo invece arrivati a quota 340. Nel frattempo ci sono state alcune assunzioni, anche perché la dotazione organica è stata aumentata fino a 1110 dipendenti. Le spese per le locazioni dei canoni affittati dai privati, come la sede del Tar Lazio di via Flaminia 189 a Roma, la ex sede Telecom che frutta a DeA capital real estate 3,8 milioni l'anno, continuano a essere ingenti, se pesano ancora per quasi la metà sul totale della voce «beni e servizi», ma si sono perfino un po' ridotte. La verità è che ci sono altri capitoli del bilancio che sono andati letteralmente in orbita. Tipo le spese per l'informatica. Nel 2013 erano previste in 8,3 milioni, poi scese al minimo annuale di 6,7 milioni nel 2016. Per schizzare però a 23 milioni nel 2020. Quando leggendo il bilancio di previsione si è scoperto che la spesa per gli apparati informatici sarebbe salita in soli tre anni a 52 milioni e mezzo, con un aumento di 42,8 milioni rispetto alle previsioni triennali fatte un anno prima. E senza considerare «gli oneri derivanti dall'acquisto di nuove infrastrutture hardware destinate a ospitare il futuro sistema informatico della giustizia amministrativa» nonché quelli «relativi all'approvvigionamento delle licenze software necessarie al funzionamento dello stesso». Una scoppola micidiale e improvvisa di decine di milioni, motivata «in primo luogo» dai «ripetuti malfunzionamenti susseguitisi nel 2018 che hanno evidenziato l'inderogabile necessità di una profonda reingegnerizzazione» di un sistema che comunque già costava 7-8 milioni l'anno. La botta è così pesante che uno dei quattro membri laici, Salvatore Sica, chiede lumi. Fa mettere a verbale che vuole vederci chiaro lamentando «l'assenza di un'adeguata e dettagliata indicazione dei costi e della *ratio* sottesa alla spesa». Ma poi la sua uscita non sortisce effetti. Gli spiegano che a fare le gare è la Consip e che l'aumento deriva anche da questo (!), che il sistema è obsoleto, che bisogna per forza fare ricorso a ditte esterne perché altrimenti bisognerebbe assumere un sacco di gente, e che comunque negli anni successivi magari qualche margine di manovra ci potrebbe essere. Poi si vota il bilancio (con un solo contrario, l'ex segretario generale Oberdan Forlenza) e tutti a casa. Felici e contenti. Ma senza risposte a una domanda che una risposta seria invece meriterebbe. Come ha fatto la spesa per l'informatica ad andare in orbita se i costi appena tre anni prima erano addirittura diminuiti nonostante l'introduzione del processo telematico? Tanto più se è vero che una verifica effettuata a fine 2019 avrebbe imposto il trasferimento del sistema informatico a una società della Sogei. Perché allora sono stati spesi tutti quei soldi?

Perché cosa sarà mai un salasso di 40 o 50 milioni rispetto alla mostruosa efficienza della nostra giustizia amministrativa? Proprio questo dice l'ultima relazione sulla performance che riguarda l'anno 2020, quello del primo lockdown. Tutti i risultati sono stati raggiunti, alcuni addirittura «ampiamente», c'è scritto. Nessun «target» ha ottenuto una percentuale di soddisfacimento inferiore a 100. Quanto alle valutazioni individuali, c'è appena un assaggio. Ma istruttivo. Compare infatti alla pagina 46 della medesima relazione una tabellina trionfale secondo cui 32 dirigenti di seconda fascia su 39 hanno avuto un punteggio del 100 per cento. Altri 5, invece, del 99 per cento. Un altro il 98 per cento. E poi l'ultimo, il più scarso di tutti, non ha avuto comunque una valutazione inferiore al 95 per cento. Così bravi da contribuire a far scendere nel 2020 l'arretrato del Consiglio di Stato a 22.696 ricorsi, contro i 25.026 di fine 2014. In sei anni è stato ridotto di 2330 cause: in media 388 l'anno, una al giorno o giù di lì. Mica male. Anche se, a questo ritmo, per non vedere più un ricorso ammuffito nei cassetti non basterebbero cinquantotto anni.

Ma tant'è.

Un curioso sabotaggio

Magari le cose potrebbero andare un pochino meglio se tutti i magistrati facessero il lavoro da magistrato anziché traslocare nelle autorità indipendenti o nei gabinetti dei ministri. E se non si smontassero anche le piccole cose che potrebbero velocizzare la conclusione delle cause. Qui, però, i magistrati c'entrano fino a un certo punto. Il problema sono gli interessi che si mettono di traverso, senza che nessuno provi a contrastarli.

Per averne la prova è consigliabile dare un'occhiata a una legge del 2019 fatta dal primo governo dell'avvocato Giuseppe Conte, quello con il Movimento 5 Stelle alleato della Lega di Matteo Salvini e un ministro delle Infrastrutture grillino. Danilo Toninelli, per chi non ha troppa memoria. Deve servire a rilanciare le opere pubbliche e persuasi dell'irresistibile forza della propaganda la chiamano «Sbloccacantieri». Forse ignari del fallimento di una legge di ventidue anni prima: ideata, per dire quanto la questione sia annosa, dal governo di Romano Prodi nel lontano 1997 con lo stesso obiettivo e lo stesso sfortunato nome. «Sbloccacantieri», che non riuscì a sbloccare un bel niente. Ebbene, in quella legge del 2019 che dovrebbe velocizzare gli appalti sfoltendo gli intoppi burocratici, compare a un certo punto in Parlamento un comma che sortisce l'effetto esattamente contrario. E per uno strano scherzo del destino è il comma 22. Fatto che ai meno giovani farà tornare alla mente il famoso film del 1970 di Mike Nichols tratto dal romanzo di Joseph Heller e il paradosso di quel «comma 22» immaginario sul quale era costruita una vicenda di accusa violenta alla guerra del Vietnam: «Chi è pazzo può chiedere di essere esentato dalle missioni di volo, ma chi chiede di essere esentato dalle missioni di volo non è pazzo». Nel caso dello «Sbloccacantieri» gialloverde il comma 22 dell'articolo 1 della legge 55 del 2019 contiene un paradosso diverso: in un provvedimento che dovrebbe semplificare e velocizzare getta altra sabbia negli ingranaggi moltiplicando i contenziosi davanti al Tar e al Consiglio di Stato. In che modo? Cancellando una norma prevista dal Codice degli appalti riscritto dal governo di Matteo Renzi nel 2016. A spiegarla tecnicamente farebbe venire il mal di testa. Il succo è che era stata studiata per evitare i cosiddetti ricorsi incidentali, quelli che ingolfano la giustizia amministrativa e rallentano le opere pubbliche con motivazioni formali e pretestuose.

La letteratura è sterminata. C'è chi ha vinto una gara d'appalto ma si trova citato al Tar da chi ha perso, e a sua volta fa causa a chi l'ha citato sostenendo che quello non poteva neppure partecipare alla gara. Oppure c'è chi ha perso la gara, ma non ci vuole stare e si appiglia a qualunque sfumatura. Va al Tar sostenendo che è il vincitore a dover essere escluso, perché alla sua offerta mancava la firma «in calce». Intendiamoci, la firma c'era, soltanto che era sul frontespizio dell'offerta. Tutto per giunta in busta chiusa, elaborati compresi. Ma tanto è bastato, per dirne una, perché l'impresa che aveva perso la gara per la manutenzione della Casa dello studente di Perugia, un appalto da oltre 8 milioni, facesse ricorso al Tar. E poi, sconfitta dal buonsenso, ricorresse in appello al Consiglio di Stato lamentando che i giudici di primo grado avrebbero «omesso di considerare che, se è vero che la giurisprudenza ormai non prevede più l'obbligo di sottoscrivere tutte le pagine dell'offerta, ciò nonostante prevede l'obbligo della sottoscrizione, per tale dovendosi intendere almeno la firma in calce». Ricorso, ovviamente, respinto. E respinto anche quello dell'impresa battuta alla gara del Comune di Caserta per la sistemazione di una caserma (opera da 4,8 milioni) che chiedeva l'esclusione del concorrente aggiudicatario per «mancata sottoscrizione in calce» dell'analisi giustificativa dei prezzi di lavori non previsti nei listini ufficiali. Stesso destino subito dal ricorso della ditta soccombente alla licitazione per la copertura del Palazzo civico di Cagliari. Così ostinata nella pretesa di far escludere il vincitore per la mancanza di una firma «in calce» da fare addirittura ricorso al Consiglio di Stato per la revoca della sentenza dello stesso Consiglio di Stato.

E ci sarebbe quasi da sorridere se non fosse per le conseguenze. C'è chi ha fatto i conti scoprendo che nei primi dieci mesi del 2019, e solo al Consiglio di Stato, dove si giudicano in appello le cause discusse ai Tribunali amministrativi regionali, sono stati presentati 907 ricorsi su appalti e contratti pubblici. A un ritmo di tre al giorno. E la maggior parte di queste cause va alla ricerca del pelo nell'uovo. Il che, va detto per onestà, non è tutta colpa di chi fa ricorso. È anche l'effetto della cultura che ha imbevuto ormai fino al midollo la nostra burocrazia. Immersa in tale profondità nei formalismi da aver spostato su procedure, cavilli e timbri il terreno di confronto con la società reale. Che perciò si sente autorizzata a misurarsi su quel terreno, dove la creatività del formalismo si può espandere a dismisura fino ai confini della comicità.

Per frenare la deriva ci voleva quindi qualcosa. Come una regola che consentisse di stabilire già prima della gara, senza se e senza ma, chi potesse o non potesse partecipare.

La vittoria degli avvocati

Il suggeritore, uno che la sa lunga. Alessandro Pajno, presidente della sezione che giudica quei ricorsi prima di diventare presidente del Consiglio di Stato nel gennaio 2016. Ma lui è stato anche capo di gabinetto di Carlo Azeglio Ciampi al Tesoro e alla Pubblica istruzione con Sergio Mattarella, con il quale ha un rapporto speciale. Ed è uno di quei magistrati che hanno fatto capolino al governo, con l'incarico di sottosegretario all'Interno all'epoca del secondo breve esecutivo di Romano Prodi. Il primo ad aver approfondito il problema delle troppe leggi inutili che ingabbiano il Paese. Da presidente della sezione competente per gli appalti ha già provato a metterci una pezza, e senza che per forza si debba chiedere al Parlamento di fare una legge. I contenziosi si trascinano per anni anche a causa del folle meccanismo della sospensiva. Come funziona è presto detto. L'impresa A si aggiudica una gara pubblica, ma l'impresa B che è stata sconfitta presenta ricorso al Tar. Ma non vuole subito il giudizio; chiede prima di tutto di sospendere l'aggiudicazione. Che raramente non viene concessa. E così prima che si arrivi all'udienza per il merito e quindi a una decisione del tribunale, rischia di passare un sacco di tempo. Lo schema si può ripetere anche in appello al Consiglio di Stato, con il risultato di finire alle calende greche. Per mandare in crisi questo gioco a rimpiattino che fa solo perdere tempo e denaro ai contribuenti, basterebbe mettere una bella tagliola alla «sospensiva». Ma per questo non è necessaria una legge. Lo può fare anche il magistrato, fissando l'udienza per il merito così ravvicinata da rendere la richiesta di «sospensiva» praticamente inutile. Non è certo un piacere fatto agli avvocati e al loro fatturato, ma il sistema ci guadagna.

Per scoraggiare i ricorsi appesi al fumo della pipa, invece, serve un qualcosa scritto in una legge. Il suggerimento, una volta tanto, viene ascoltato. E si traduce in quella norma del Codice degli appalti del 2016 di cui sopra. Ma purtroppo si sa come vanno le cose in Italia. C'è chi argomenta che questa è una lesione al diritto della difesa, pur se la Corte costituzionale dice di no, e dicono di no anche a Bruxelles. E insiste. Anzi, insistono. Perché gli avvocati che storcono il naso sono in tanti. Tantissimi e potenti. Dopo le diserzioni verificatesi nella legislatura precedente, quando il loro numero era sceso al minimo da moltissimi anni, il 4 marzo 2018 sono tornati in massa nel Parlamento. Sono 133, il 15 per cento di tutti gli onorevoli: la categoria professionale più rappresentata e ingombrante. Di avvocati ce ne sono anche al governo, e pesano. Il presidente del Consiglio Conte è avvocato, il ministro della Giustizia Alfonso Bonafede è avvocato, la ministra della Pubblica amministrazione Giulia Bongiorno è avvocato. Ed è un fatto che nel diluvio di emendamenti che si abbatte sul decreto «Sbloccacantieri» quando sbarca in Parlamento per essere convertito in legge, ce n'è anche uno che accoglie la tesi degli avvocati, secondo cui la tagliola del Codice degli appalti per evitare i ricorsi pretestuosi è liberticida. Le Camere approvano e la tagliola sparisce. Anche se è lecito domandarsi quanti, fra chi ha votato a favore, si siano resi conto di che cosa votavano, considerando la difficoltà di comprendere una sottigliezza simile per chi non è addetto ai lavori. E per com'è scritta, poi, infilata in una legge di 224mila caratteri. Ma questa è un'altra storia.

6

Il peccato originale

Da Metternich a Bozzi

Per capire come sia stato possibile che si formasse nel cuore del sistema un grumo di potere così robusto e autoreferenziale si deve partire da lontano.

Il Corpo forestale dello Stato ha radici antiche, che risalgono al 1822, ma dal 2017 è stato inglobato nell'arma dei Carabinieri, che a sua volta esiste dal 1814. La storia della Guardia di finanza, invece, comincia addirittura nel 1774. Se poi scaviamo nel passato dell'Esercito italiano troviamo tracce che risalgono addirittura all'inizio del XV secolo. Solo questo per dire quanto sia affollato il panorama delle nostre istituzioni, che possono rivendicare di essere le più vecchie sopravvissute all'unità d'Italia prima e alla Repubblica poi. Tutte hanno attraversato peripezie incredibili. Ce n'è una, però, che il tempo non ha mai scalfito: il Consiglio di Stato. La sua nascita si deve a Carlo Alberto, anche se l'idea non fu sua. Venne da Klemens von Metternich, il cancelliere austriaco secondo cui l'Italia non era altro che «un'espressione geografica». Metternich era altresì convinto che al re di un Paese italiano amico, qual era in quel momento il Regno di Sardegna, fosse necessario l'aiuto di un gruppo di saggi eminenti per evitare certi scivoloni politici, soprattutto in anni tumultuosi come quelli. Il Consiglio di Stato gli austriaci ce l'avevano a Vienna e funzionava, perché non avrebbe potuto funzionare anche a Torino? Il 18 agosto 1831, tre mesi e mezzo dopo essere stato incoronato alla morte dello zio Carlo Felice, Carlo Alberto firmò il decreto con cui venne costituito il Consiglio di Stato del Regno di Sardegna. Un mese dopo lo affidò a un maresciallo fedelissimo della casa regnante, nominato vicepresidente (presidente era il re). Ignazio Thaon di Revel non si era distinto solo nelle campagne militari, ma soprattutto aveva acquisito benemerenze nelle trattative che in seguito al Congresso di Vienna riportarono la Savoia ai piemontesi e permisero l'annessione del ducato di Genova al Regno sabaudo, con l'aggiunta della durissima repressione dell'insurrezione del 1821 a Torino. Un palmarès, quest'ultimo, di ben settantun sentenze capitali, anche se solo un paio eseguite per mancanza di quasi tutti i condannati a morte. A quanto pare, opportunamente riparati in tempo oltre i confini savoiardi.

Nonostante l'ispiratore fosse il principe di Metternich, il Consiglio di Stato del Regno di Sardegna assomigliava a quello francese. Poi, nel 1859, ci pensò il ministro dell'Interno Urbano Rattazzi ad assegnargli anche i compiti di una vera magistratura, che però non aveva competenze sulle decisioni della pubblica amministrazione. Quelle arrivarono trent'anni più tardi, nel 1889, nell'ormai Regno d'Italia, per iniziativa del governo di Francesco Crispi, che accoglieva così la tesi di Silvio Spaventa, che si era speso per quella soluzione. Durante il fascismo il destino dei giudici del Consiglio di Stato non poteva essere certo differente da quello degli altri magistrati. Il concetto di indipendenza della magistratura era pura eresia. La sottomissione all'esecutivo risultava assoluta. Basta dire che Benito Mussolini collocò d'imperio nel 1928 a capo del Consiglio di Stato il preside della facoltà di giurisprudenza della Statale di Milano, che si era appena iscritto al Partito fascista. Santi Romano, questo il suo nome, sarebbe stato nominato anche senatore nel 1934. Con la caduta del fascismo, la fine della guerra e la Repubblica, le cose presero per fortuna una piega completamente diversa. A cominciare dai piani alti di Palazzo Spada: Romano venne sostituito da Meuccio Ruini, magistrato antifascista che era stato cacciato dal Consiglio di Stato nel 1927. Intanto nell'Assemblea costituente trentanove deputati erano alle prese con una faccenda da far tremare le vene e i polsi. Avrebbero dovuto scrivere gli articoli sul potere giudiziario: il che implicava anche stabilire i confini dell'indipendenza della magistratura. Quei trentanove facevano parte della seconda sottocommissione della Costituente incaricata della problematica missione. Fra di loro c'erano ben ventidue avvocati, la maggioranza assoluta, ma un solo magistrato. Ed era un consigliere di Stato. Aldo Bozzi proveniva dalla magistratura ordinaria e aveva fatto la Resistenza a Roma. La barba che avrebbe portato tutta la vita se l'era fatta crescere nell'ottobre 1943 insieme alla scelta di passare in clandestinità. Con il suo collega Ruini aveva perfino condiviso la militanza politica nella Democrazia del lavoro, partito fondato da Ivanoe Bonomi.

E adesso, a 37 anni, era l'unico magistrato a doversi caricare sulle spalle una responsabilità inimmaginabile.

Lo sgarbo a De Nicola

A 22 anni Massimo Pilotti è già magistrato. Davanti a sé, una brillante e lunga carriera nei tribunali. Che ne fa una preziosa riserva del Regno. Sicché alla fine del 1932, quando si tratta di decidere a chi affidare la poltrona di segretario generale aggiunto della Società delle Nazioni, carica alla quale potrebbe aspirare un italiano, la scelta non può che cadere su di lui. Lo sponsorizzano perfino gli inglesi. «Il prestigio di cui gode tanto negli ambienti del Segretariato quanto presso i delegati stranieri che frequentano Ginevra, milita a favore di questa scelta»: il segretario generale James Eric Drummond ne ha una stima tale da scrivere queste parole in un appunto segreto. E il magistrato italiano rimane saldamente in sella nel 1935 anche con il successore di Drummond, il francese Joseph Avenol, mentre la stessa Società delle Nazioni infligge all'Italia le sanzioni per l'invasione dell'Etiopia. Caduto il fascismo, la Procura generale della Cassazione non gliela toglie nessuno. Insieme al delicatissimo incarico, che gli assegna prima il governo di Ivanoe Bonomi e poi quello di Ferruccio Parri, di presiedere le commissioni per l'epurazione dell'avvocatura e del Consiglio di Stato, nonché della Corte dei conti e del ministero degli Esteri. Le polemiche, sollevate da certa stampa per presunti favoritismi nei confronti di alcuni funzionari pubblici compromessi con il regime, non mancano.

Ma superati i marosi, il magistrato Pilotti ha tutte le buone ragioni per passare alla storia. «Uomo d'eccezione e giurista di fama internazionale»: il presidente del Consiglio Alcide De Gasperi ne parla come d'un simbolo della migliore scuola burocratica italiana. Alla storia ci passa, invece, per la ragione peggiore.

Il 4 gennaio 1947 si celebra l'inaugurazione dell'anno giudiziario. Seduto in platea nel posto d'onore, questa volta, c'è un presidente della Repubblica facente funzioni. Sette mesi prima la monarchia è stata spazzata via da un referendum e l'Assemblea costituente ha nominato capo provvisorio dello Stato Enrico De Nicola. Avvocato napoletano, è stato l'ultimo presidente della Camera prima della presa del potere assoluto da parte di Benito Mussolini. Il procuratore generale della Cassazione prende la parola, e nel discorso che apre l'anno giudiziario non gli rivolge il saluto istituzionale. Fatto che già sarebbe grave. Ma Pilotti ignora perfino la nascita della Repubblica. Qualcuno rumoreggia. E la cosa diventa gravissima.

Lo scandalo è simultaneo. Si dice che Pilotti sia di fede monarchica e non lo nasconda. Non l'avrebbe nascosto neppure in occasione del referendum del 2 giugno 1946, quando è stato protagonista di un'altra iniziativa che avrebbe potuto avere conseguenze ben più gravi di qualche omissione nel discorso per l'anno giudiziario.

Il 10 giugno tocca a lui, insieme al primo presidente della Cassazione Giuseppe Pagano, proclamare la vittoria della Repubblica. Invece i due prendono tempo. Ci sono dei reclami e poi bisogna contare e ricontare i voti: esattamente come chiedono i monarchici. Chi si è messo di traverso alla proclamazione ufficiale della Repubblica sarebbe proprio Pilotti. La vera quinta colonna della monarchia nella magistratura è lui. Il presidente della Cassazione Pagano, a quanto pare, non avrebbe fatto altro che allinearsi alla sua tesi. Forse senza rendersi conto delle possibili conseguenze. Per giorni il Paese si trova nell'incertezza più totale, con dimostrazioni di piazza non senza incidenti e Umberto II che rimanda la partenza per l'esilio. Fino a quando, il 18 giugno, la trincea monarchica eretta intorno al procuratore della Cassazione deve capitolare.

Sette mesi dopo Pilotti non l'avrebbe ancora digerito, al punto da dimostrarlo platealmente con il suo comportamento all'inaugurazione dell'anno giudiziario. L'accaduto, per i politici dalla memoria lunga che lo detestano, non può avere altra spiegazione. E uno schiaffo del genere non deve restare senza conseguenze. Presidente del Consiglio è De Gasperi, che lo tiene in grande considerazione. Il ministro Guardasigilli però è comunista. Si chiama Fausto Gullo e non ha certo dimenticato il giudizio ustionante del suo predecessore e capo del partito Palmiro Togliatti: «Pilotti? È stato la persona di fiducia nel governo fascista al momento della conquista dell'Etiopia e per lo scardinamento dell'organismo ginevrino». Riferimento chiaro alle mosse architettate in quel frangente a Ginevra dagli italiani per evitare le sanzioni al regime fascista attraverso un piano di spartizione dell'Etiopia gradito a Mussolini. Poi disperatamente fallito.

L'Epuratore epurato

La scena imbarazzante all'inaugurazione dell'anno giudiziario si trasforma quindi in un'ottima occasione per il regolamento di conti. Gullo chiede immediatamente la cacciata del giudice che avrebbe offeso così impunemente la Repubblica. Lo scrive al Consiglio superiore della magistratura, che all'epoca dipende ancora dal suo ministero. Afferma che il suo atteggiamento è apparso «una ostentazione di disconoscimento, se pure non di dispregio, della forma istituzionale prescelta e consacrata dalla volontà del popolo». E annuncia la propria intenzione di rimuoverlo dall'«altissimo posto direttivo» da lui occupato, trasferendolo a incarichi «che escludano ogni possibile insorgenza di acute incompatibilità politiche». L'Epuratore epurato. Pilotti replica sdegnato in 14 pagine spedite al Csm. Dove respinge «nettamente l'addebito di aver nutrito qualsivoglia intenzione offensiva e scortese». Rivendicando, anzi, che il 1° gennaio «spontaneamente insieme al Primo Presidente di questa Corte, mi recai dal Capo dello Stato per presentargli gli auguri pel nuovo anno, e che il 2 gennaio io stesso proposi al Primo Presidente di invitare il Capo dello Stato alla inaugurazione dell'anno giudiziario che doveva seguire il giorno 4, ciò che facemmo con lettera a firma di entrambi». Per concludere: «È forse possibile conciliare questo invito, e la visita di omaggio al Capo dello Stato, con un deliberato proposito di mancar di riguardo alla Sua persona e, attraverso quella, alla Repubblica da lui rappresentata? (...) Dell'asserita offesa, non solo mancò l'intenzione, bensì anche la materialità». Segue la puntuale descrizione del cerimoniale dell'occasione: «Il Capo dello Stato venne ricevuto al Palazzo di Giustizia con gli onori fissati dalla tradizione. Accolto ai piedi dello scalone da un Presidente di Sezione e da un Avvocato Generale rivestiti della toga rossa, venne accompagnato nella sala della Prima Presidenza. Qui, davanti a membri del Governo e ad alti magistrati, il Primo Presidente gli rivolse il saluto e il ringraziamento proprio e della Magistratura per l'onore reso all'Ordine giudiziario con la sua presenza; dopo di che, dai due magistrati che lo avevano accolto, il Capo dello Stato venne accompagnato nell'aula massima al seggio riservatogli, situato al posto d'onore al centro dell'emiciclo di fronte al Primo Presidente. Nell'aula io mi trovavo in attesa con i magistrati del mio ufficio. All'arrivo del Capo dello Stato tutti ci alzammo in piedi e io lo salutai inchinandomi. Ancora mi inchinai a lui prima di prendere la parola, e il medesimo feci nell'atto di terminare il mio discorso. Subito dopo il Capo dello Stato ebbe la bontà di congratularsi calorosamente con me».

Quanto all'altra circostanza che Gullo gli rinfaccia, quella di aver sorvolato nel suo discorso sul referendum che ha abolito la monarchia senza neppure citare la Repubblica, Pilotti replica rovesciando la frittata. Non di sgarbo si è trattato, ma di una scelta responsabile per non esacerbare ancora di più animi già esacerbati: «In un discorso che deve consistere in un rapporto sull'amministrazione della giustizia, né mi era possibile, né avevo ragione, di dire di più in merito al Referendum. Infatti una sola questione giuridica fu risolta dalla Corte suprema a quel proposito, relativamente al modo di calcolare la maggioranza. Se le mie conclusioni furono difformi, com'è risaputo, dalla decisione, è appena il caso di dire che si trattò di un dubbio giuridico, esaminato dal requirente e dai giudicanti al di fuori d'ogni considerazione politica. Ma è a tutti noto come le accese passioni che agitarono il Paese al tempo del Referendum avessero indotto molti a discutere politicamente persino dell'operato della Corte suprema. In queste condizioni ogni mio accenno alla questione allora decisa avrebbe consentito nuovi sviluppi polemici: per senso di responsabilità ritenni di dovermi astenere».

L'autodifesa non serve a nulla. Il Guardasigilli è irremovibile e Pilotti perde il posto. Ma non i galloni. Lo confinano con lo stesso grado al Tribunale delle acque pubbliche. Un affronto insopportabile, per uno come lui. Che chiuderebbe la carriera da pensionato in un dorato dimenticatoio se il suo estimatore De Gasperi, il quale nel frattempo ha allungato ancora la sfilza dei governi da lui presieduti, non lo spedisse prima alla Corte permanente di arbitrato dell'Aia, e poi alla presidenza della Corte di giustizia della Ceca, antesignana dell'attuale Corte di giustizia dell'Unione europea.

Tutta colpa di Pilotti

L'ostinazione di Gullo avrebbe tuttavia incontrato resistenze più dure se una spintarella decisiva al povero Pilotti per farlo cadere dalla poltrona di procuratore generale della Cassazione non l'avesse data l'Assemblea costituente. Sfortuna vuole che proprio in quei giorni di gennaio l'assemblea eletta il 2 giugno 1946 a suffragio universale per scrivere la legge fondamentale della Repubblica sia alle prese con gli articoli che riguardano il rapporto fra i giudici e il nuovo potere. È la parte della Carta la cui redazione è di competenza del ristretto gruppo di deputati di cui fa parte Bozzi. La discussione più accesa riguarda il futuro Consiglio superiore della magistratura. E la bomba del «caso Pilotti» scoppia proprio mentre si affronta la faccenda più delicata: il livello di autonomia e indipendenza della magistratura dalla politica, che per ovvie ragioni è strettamente connesso alla composizione del Csm. Lo scontro è felpato nei toni ma violentissimo nella sostanza. C'è chi vuole mantenere la magistratura sotto il cappello della politica, auspicando addirittura che a guidare il Csm sia il ministro di Grazia e Giustizia. Senza arrivare a questo, uno dei relatori che sarà poi presidente della Repubblica, Giovanni Leone, propone che i pubblici ministeri dipendano dal potere esecutivo mentre il Csm sarebbe presieduto non dal ministro bensì dal capo dello Stato. Il quale guiderebbe un organismo composto sia da magistrati sia da politici eletti da Camera e Senato. Perché se è vero, argomenta Leone, «che lo scopo da raggiungere è quello di sganciare il potere giudiziario dagli altri poteri dello Stato, per evitare qualsiasi ingerenza», bisogna «nello stesso tempo impedire il crearsi di una casta chiusa della magistratura».

La scuola di pensiero opposta sostiene invece l'indipendenza assoluta dei magistrati dal potere politico. L'ariete è un altro relatore. Il suo nome, Piero Calamandrei. Raffinato giurista, è stato una delle colonne del movimento Giustizia e Libertà e ha poi fondato il Partito d'azione. Per lui l'articolo della Costituzione sul Csm deve iniziare così: «*Autogoverno della Magistratura.* – La Magistratura, della quale fanno parte i magistrati e i loro ausiliari di tutte le categorie specificate dalla legge sull'ordinamento giudiziario, costituisce un ordine autonomo che provvede da sé, e senza alcuna ingerenza del potere esecutivo, al proprio governo». Bozzi è sulla stessa linea dell'indipendenza assoluta dei magistrati. La sua idea è che si debba partire così: «La magistratura costituisce un ordine autonomo, indipendente da ingerenze politiche o di governo». Ed è pure convinto che nell'organo di autogoverno non debbano esserci membri di diritto, a parte il capo dello Stato che ne dovrebbe essere il presidente rappresentando l'unità del Paese, ma solo eletti. Metà eletti dai magistrati, e l'altra metà dal Parlamento per garantire che i giudici non vivano sulla Luna. Però con una clausola esplicita: nessun politico e nessun avvocato.

E i sostenitori dell'indipendenza assoluta dalla politica se la potrebbero pure giocare, se in quel momento non accadesse il fattaccio. Che fa pendere la bilancia dall'altra parte. Calamandrei e i suoi amici sono costretti a battere in ritirata. Non senza però rinunciare a una violenta requisitoria sulle cause del fallimento. Attribuite a Pilotti, senza se e senza ma. «In realtà chi ha impedito all'autogoverno della magistratura di affermarsi in pieno nel nostro progetto» attacca Calamandrei alla Costituente «non sono stati tanto gli argomenti dei colleghi sostenitori della opinione contraria, quanto è stato Sua Eccellenza il procuratore generale Pilotti, che proprio nei giorni in cui si stava discutendo nella seconda sottocommissione il problema dell'autogoverno della magistratura, e io mi trovavo a dover sostener la mia tesi contro la tesi contraria, ha fornito agli oppositori un argomento lì per lì inconfutabile. A un certo momento, infatti, essi mi hanno obiettato: "Tu vuoi dare l'autogoverno alla magistratura? Eccoti qui, coll'esempio, quello che accadrebbe: eccoti l'istruttivo episodio avvenuto in questi giorni all'inaugurazione dell'anno giudiziario in cassazione...". E io non ho saputo che cosa rispondere: perché veramente si è trattato di un caso assai grave, intorno al quale questa assemblea ancora non sa quali provvedimenti il governo abbia preso e non riesce a convincersi che il governo possa ancora rimanere in silenzio. In verità, l'atteggiamento del procuratore generale Pilotti, offensivo per la Repubblica e per il suo capo, non è stato una distrazione o una svista, derivante da un momentaneo disorientamento, come quello da cui fu preso, molti anni fa, quel Presidente di Corte di appello, che nell'inaugurazione dell'anno giudiziario si confuse, e dichiarò aperto l'anno giudiziario "in nome di Sua maestà il re Vittorio Emanuele re d'Italia e imperatore delle Indie". Quello fu un lapsus. Ma il caso del procuratore generale Pilotti non è stato un lapsus. Il Pilotti è un magistrato eminente e assai colto, un letterato, un umanista; ma soprattutto è un uomo abituato alla vita di società, alla diplomazia, al cerimoniale, al galateo. Per aver mancato così apertamente alla buona creanza, egli ha dovuto farlo deliberatamente. (...) Lo sgarbo del procuratore generale Pilotti è stato fatto non al presidente della Repubblica, ma proprio alla magistratura: e la magistratura deve ringraziar proprio lui, il procuratore generale Pilotti, della ostilità con cui è stata accolta nel progetto della Costituzione l'idea dell'autogoverno: proprio lui, col suo gesto, è riuscito a impedire che la magistratura possa aver fin da ora quella assoluta indipendenza di cui la grandissima maggioranza dei magistrati, esclusi alcuni pochi Pilotti, sono degni.»

È il 4 marzo 1947. Cinque giorni dopo, il 9 marzo, il Guardasigilli Fausto Gullo comunica a Pilotti che sarà rimosso.

Si apre la porta ai politici

L'idea dell'indipendenza cristallina della magistratura tramonta con la sua defenestrazione. Nell'Assemblea costituente la partita si chiude con una mediazione. Il Csm avrà un terzo dei componenti scelti dalla politica. Per compensare tale sacrificio dei partiti, rispetto alla metà dei posti che invece nel testo proposto dalla commissione sarebbe stato a loro riservato, si decide che il presidente, ossia l'inquilino di turno del Quirinale come ha proposto Leone e come voleva anche Bozzi, sarà affiancato da un vicepresidente eletto dal Parlamento. Anche fra i propri membri. E avrà il compito di svolgere in concreto le funzioni di presidente. In più sono previsti due membri di diritto nelle persone dei vertici della Cassazione e si spalanca la porta agli avvocati con almeno quindici anni di anzianità. I Calamandrei e i Bozzi sono serviti.

Perché il nuovo sistema entri in funzione bisognerà

aspettare ancora ben dieci anni. La legge che recepisce quell'articolo della Costituzione vedrà la luce infatti soltanto nel 1958 e il primo Csm repubblicano sarà votato l'anno successivo. Da allora l'alternanza dei vicepresidenti operativi al suo vertice coincide inevitabilmente con le stagioni della politica. In un Paese nel quale la Democrazia cristiana o i suoi epigoni hanno scandito a lungo i ritmi della vita pubblica, è logico che a capo dell'organo di autogoverno della magistratura si siano alternate ben 14 persone di fede o comunque provenienza democristiana dei 19 che in più di sessant'anni hanno occupato quella poltrona. Dal primo, il senatore democristiano Michele De Pietro, fino all'ultimo, il deputato del Pd David Ermini, un tempo democristiano. Nell'elenco compare soltanto un socialista, l'ex sindaco di Cerignola Adolfo Salminci, eletto dal Parlamento nel 1963 al tempo del primo centrosinistra, con il Psi che si apprestava a entrare nel governo di Aldo Moro. Altri due hanno invece radici nel Partito comunista. Il primo, al Csm durante il governo di Romano Prodi con gli eredi del Pci azionisti di maggioranza, è Carlo Federico Grosso, principe del foro già vicepresidente del consiglio regionale piemontese eletto nelle liste comuniste. Il secondo, arrivato al vertice dell'organo di autogoverno dei magistrati con il dem Matteo Renzi a Palazzo Chigi, è Giovanni Legnini: avvocato anch'egli, ex comunista, parlamentare del partito di Renzi e all'atto della sua elezione al Csm sottosegretario all'Economia nel suo governo. Non l'unico vicepresidente del Consiglio superiore con un'esperienza di governo. Ma il solo ad arrivare al vertice del Csm direttamente dal governo, il 30 settembre 2014. Almeno, però, non dal ministero di Giustizia.

Fra ex ministri e sottosegretari se ne contano ben nove. E tre di loro sono stati anche Guardasigilli: Giacinto Bosco e Virginio Rognoni, democristiani a quattro ruote motrici, e Giovanni Conso. Gli ex sottosegretari alla Giustizia che si sono insediati nel Palazzo dei Marescialli sono invece due: Ercole Rocchetti e Michele Vietti. Pure loro dal pedigree democristiano. Nonché ex parlamentari, come 11 dei 19 vicepresidenti del Csm. Dei restanti otto appena due si possono considerare del tutto indipendenti: Conso e Cesare Mirabelli. Vittorio Bachelet, assassinato dalle Brigate rosse nel 1980 all'università La Sapienza di Roma, è iscritto alla Dc e legatissimo ad Aldo Moro, vittima nemmeno due anni prima delle Br. Anche Piero Alberto Capotosti e Giovanni Verde sono ritenuti espressione del Partito popolare, erede della Dc.

Resta Ugo Zilletti. Corre l'anno 1980, febbraio, quando Conso, allora ascoltato membro laico, fa il suo nome per il vertice del Consiglio superiore. Nomina di emergenza, in uno dei momenti più oscuri della Repubblica. Il vicepresidente in carica, Bachelet, è stato appena ammazzato. I brigatisti l'hanno abbattuto davanti agli occhi della sua assistente Rosy Bindi con sette colpi di pistola. Il Csm è decapitato e bisogna provvedere in fretta alla sostituzione. Conso avanza dunque la candidatura dell'avvocato Zilletti, ma senza immaginare ciò che accadrà di lì a poco.

La mattina di mercoledì 15 aprile 1981 i finanzieri si presentano a Palazzo dei Marescialli. Quando mostrano i tesserini e spiegano la ragione della visita, le segretarie e i funzionari sbiancano. Sono lì per perquisire l'ufficio del vicepresidente Zilletti su ordine della Procura di Brescia. Il motivo? Durante una perquisizione è saltata fuori una lettera che racconta di presunte pressioni fatte dal burattinaio della loggia massonica P2 Licio Gelli su Zilletti perché a sua volta intervenga sul procuratore di Milano per far restituire il passaporto a Roberto Calvi. Due anni dopo Zilletti sarà prosciolto, ma in quel momento le dimissioni sono un atto dovuto.

La moltiplicazione del Csm

Per la magistratura quella della P2 è la pagina più brutta dei primi cinquant'anni di storia repubblicana. E si apre anche nel momento più difficile di quel mezzo secolo. C'è il terrorismo, gli scontri nelle piazze, l'inflazione che galoppa, la prima vera crisi dopo gli anni del boom economico... Molte cose, poi, stanno cambiando anche nella giustizia. Nel 1971 sono stati creati i Tar e la magistratura amministrativa sta diventando ormai un affare molto ingombrante. Troppo, dice una scuola di pensiero, per non essere trattato come una cosa a parte. Così, mentre la commissione d'inchiesta sulla P2 presieduta da Tina Anselmi sta faticosamente cercando di individuare le metastasi della cancrena, a Palazzo Chigi c'è il primo presidente del Consiglio non democristiano (Giovanni Spadolini), e il Csm presieduto da Sandro Pertini si appresta a fare i conti con quattordici magistrati trovati nelle liste di Gelli, il 27 aprile 1982 le Camere sfornano la legge che riforma il Consiglio di Stato. E con quella legge nasce pure un organo di autogoverno separato dal Csm. Ma ispirato a quel modello: ci sono i magistrati eletti dai magistrati e i membri laici eletti dal Parlamento. Unica differenza, che il presidente non può essere il capo dello Stato, che già presiede il Csm. Quindi tocca al presidente del Consiglio di Stato.

La conseguenza è una reazione a catena. Ogni magistratura rivendica un proprio organo di autogoverno separato dal Csm. E lo ottiene. Nell'aprile 1988 ecco il Consiglio di presidenza della Corte dei conti. Alla fine di dicembre dello stesso anno ecco il Consiglio di presidenza della giustizia militare. E al culmine della bulimia, sul finire del 1992, ecco pure il Consiglio di presidenza della giustizia tributaria. Cinque magistrature diverse, cinque Csm diversi. Con risvolti davvero curiosi. Uno per tutti? Siccome i giudici tributari sono scelti anche fra magistrati ordinari, amministrativi, contabili e militari, capita che alcuni di loro siano paradossalmente soggetti a due organi di autogoverno. Assai forte è il sospetto che tutto questo sia servito prevalentemente a moltiplicare le poltrone (oltre che i costi a carico dei contribuenti). Sono quarantasei in più. Anche, e forse soprattutto, quelle a disposizione della politica. Perché agli otto posti che la Costituzione ha riservato agli eletti dal Parlamento nel Consiglio superiore della magistratura, se ne sono aggiunti altri tredici. Per un totale di ventuno. Uno sbocco interessante per i partiti che con il taglio dei parlamentari dovranno sistemare chi non può restare senza strapuntino. Privilegio cui purtroppo non potranno accedere tutti indifferentemente, ma soltanto chi ha i titoli: professori universitari o avvocati con una certa anzianità. Come l'avvocato cassazionista Gianpiero D'Alia, ex ministro della Pubblica amministrazione nel governo di Enrico Letta, figlio dell'ex deputato democristiano Salvatore D'Alia e a sua volta onorevole per tre legislature non consecutive fino al 2018. Lasciato il Parlamento dopo aver girovagato fra alcune sigle dell'area centrista, è stato eletto dal medesimo Parlamento nel Consiglio di presidenza della giustizia tributaria. Di cui è presidente un altro avvocato cassazionista, anch'egli eletto dalle Camere: Antonio Leone. Ormai un professionista degli organi di autogoverno. Deputato per cinque legislature con Forza Italia e passato poi al Nuovo centrodestra, è stato vicepresidente della Camera. Dopo vent'anni a Montecitorio l'hanno eletto al Consiglio superiore della magistratura. Da dove, alla scadenza dei quattro anni di mandato nel settembre 2018, ha traslocato alla presidenza dell'organo di autogoverno della giustizia tributaria.

Tutto in regola, per carità. Ma siamo sicuri che in questo modo si tutela l'indipendenza dei magistrati dalla politica?

7

L'orma del governo

L'infornata del 1972

In principio fu Andreotti. E brutale. A Natale del 1972 il Divo Giulio, allora presidente del Consiglio, decise di fare un regalo inconsueto. Regalò poltrone da consigliere di Stato. Ne regalò diciassette a onorevoli trombati alle elezioni o ancora in servizio permanente effettivo, fedelissimi dei partiti, amici e sodali. Diciassette. Nell'infornata capitò anche un socialista sottosegretario al Tesoro nel governo prima di Rumor e poi di Emilio Colombo, che mentre era consigliere di Stato passò ai socialdemocratici. Da magistrato, Venerio Cattani fu perfino direttore del giornale di partito «L'Umanità». Ci capitò poi pure un senatore del Psi, che non era stato rieletto nel maggio 1972: Francesco Iannelli. Insieme a un deputato della Dc, Claudio Merenda, rimasto fuori da Montecitorio. E a un consigliere regionale siciliano, Modesto Sardo, cui l'appartenenza alla magistratura non avrebbe impedito successivamente di far parte della direzione locale della Democrazia cristiana, né di presiedere la Regione siciliana. Ma una poltrona in regalo toccò anche a Tullio Ancora, l'uomo che per conto di Aldo Moro gestiva il filo rosso con il Partito comunista. Lo stesso Ancora che il 29 aprile 1978 ricevette dalla prigione brigatista la drammatica lettera con cui il presidente della Dc indicava il Pci, artefice della linea della fermezza, come il responsabile politico di quello che sarebbe stato il tragico epilogo del suo rapimento: «Ricevo come premio dai comunisti, dopo la lunga marcia, la condanna a morte...». Nel mucchio, fra avvocati, esperti di trasporti e prefetti da ricompensare per fedeltà, un solo magistrato. Però speciale. Democristiano, e fanfaniano, a quattro ruote motrici. Giovanni Torregrossa era in quel momento occupato a servire il secondo governo Andreotti, che lo stava nominando al Consiglio di Stato. Faceva il capo di gabinetto di Nino Gullotti al ministero dei Lavori pubblici, incarico già ricoperto con Mario Ferrari Aggradi nel precedente governo di Andreotti, e ancor prima con Salvatore Lauricella nei governi di Colombo e Mariano Rumor. Aveva da poco superato i quarant'anni ma era già un monumento del potere. Che anno dopo anno continuò a crescere. Per dirne una, nel 1987 la Democrazia cristiana gli mise in mano una valanga di soldi pubblici. Tanti che nessun funzionario pubblico nella storia italiana si era mai trovato a gestire. Erano i 120mila miliardi di lire dell'Intervento straordinario nel Mezzogiorno.

Il colpo assestato dalla politica con quelle diciassette nomine improvvise all'autonomia della magistratura era terrificante. Anche perché la bastonata arrivava appena un anno dopo l'istituzione dei Tribunali amministrativi regionali. Ed era un segnale che la politica mai e poi mai avrebbe accettato che la magistratura a lei più contigua potesse rimanere del tutto indipendente. Occorreva mandare un messaggio senza possibilità di equivoci. E Andreotti lo fece recapitare senza alcun tentennamento. Ma la botta fu così violenta da scatenare una reazione uguale e contraria. Se ne incaricò un consigliere di Stato: Vincenzo Caianiello. Radunò una decina di magistrati e denunciò l'oltraggio andreottiano alla Corte costituzionale. Corte, per inciso, della quale il medesimo Caianiello sarebbe anni dopo diventato anche presidente, iscrivendo il proprio nome nell'albo d'oro con un record: quello della presidenza più breve, durata solo quarantaquattro giorni. Caso volle che alla guida della Consulta si fosse appena insediato un professore di diritto romano originario di Castellammare di Stabia, Francesco Paolo Bonifacio. Il quale non era certo uno sconosciuto dalle parti della Democrazia cristiana, che nel 1959 lo aveva designato come membro laico nel Consiglio superiore della magistratura. E appena terminato il suo mandato di presidente della Corte costituzionale lo avrebbe candidato al Senato, dove sarebbe rimasto per tre legislature. Senza neppure disdegnare, lui che era stato al vertice dell'organismo in teoria più autorevole e *super partes* nell'ordinamento repubblicano, importanti incarichi di governo: ministro della Giustizia in un governo Moro e in ben due governi Andreotti. Il relatore Vincenzo Michele Trimarchi, cioè l'autore dell'istruttoria nonché estensore del verdetto, era stato invece direttamente impegnato in politica ancor prima della sua nomina alla Corte. Dopo un passaggio nell'Assemblea regionale siciliana aveva avuto uno scranno in Senato. Uno di quelli, pochini per la verità, occupati dal Partito liberale.

Il modello Niutta

Il contesto aiuta a capire le acrobazie della sentenza emanata il 6 dicembre 1973 dalla Consulta di Bonifacio.

C'è scritto chiaro e tondo che l'infornata andreottiana non metteva in pericolo l'indipendenza della magistratura sancita dalla Costituzione. Quanto alle storie dei consiglieri nominati dal governo, quindi anche ai loro rapporti con la politica e ai legami con i partiti che ne sono l'aspetto più peloso, queste «si dissolvono nelle persone che siano idonee a ricoprire l'ufficio e all'atto in cui esse acquistano uno status». Come se nel momento in cui entrano al Consiglio di Stato subentrasse in loro per incanto una nuova verginità.

La verità è che nessuno dei protagonisti di quel clamoroso arrembaggio ha lasciato tracce indimenticabili a Palazzo Spada. Torregrossa è morto senza quasi averci messo piede, concentrato com'era a gestire il potere vero per conto della politica, ma fuori da quelle stanze. Durante le udienze qualcuno di quei politici rottamati passava il tempo a scrivere lettere di raccomandazione («Con la presente si sollecita il trasferimento del giovane appuntato Tal de' Tali ad altro reparto...»). Mentre altri continuavano serenamente a vivere la loro vita precedente senza il minimo turbamento; soltanto, con uno stipendio più che decente alla fine di ogni mese generosamente pagato da Pantalone. Il marchio della politica, tuttavia, è rimasto per sempre.

Non che prima di quella brutta vicenda la politica si fosse tenuta alla larga dal Consiglio di Stato. Nel luglio 1970, solo per citare un episodio, arrivò a Palazzo Spada catapultato dal governo come consigliere un certo Ugo Niutta. Il quale attirò in seguito anche l'attenzione delle cronache mondane per la sua relazione con la presentatrice televisiva Aba Cercato. Oltre a quella delle cronache politiche, per ragioni completamente diverse. Il governo in questione era il terzo guidato da Mariano Rumor, che in quel momento stava giusto per passare il testimone a Emilio Colombo. Niutta aveva cominciato in magistratura ma poi, nel 1957, era diventato all'Eni il braccio destro di Enrico Mattei prima, e di Eugenio Cefis poi. Le sue frequentazioni nel mondo democristiano si fecero imponenti. Capo di gabinetto di Riccardo Misasi alla Pubblica istruzione, entrò nelle grazie di un altro big della Dc: Antonio Bisaglia. Il che spianò al consigliere di Stato Niutta un'autostrada verso nuovi e prestigiosi incarichi. Prima commissario dell'Ente cinema, quindi dell'Egam, un carrozzone di imprese pubbliche decotte. Il profilo di Niutta lo traccia senza infingimenti il dizionario biografico Treccani, dov'è descritto, «lontanissimo ormai dalle aule giudiziarie», come «capace di attraversare con disinvoltura e non senza spregiudicatezza il mondo della politica, della burocrazia e della grande impresa, grazie anche a un fortissimo senso di fedeltà ai partiti, alle correnti e ai dirigenti politici di riferimento». La Dc e Bisaglia, appunto. Grazie a Cefis approdò poi alla Montedison e in seguito al vertice della Carlo Erba. Bersagliato dal settimanale «Op» di Mino Pecorelli che lo accusava di intrattenere stretti rapporti con Licio Gelli arrivando persino a coniare nei suoi articoli il neologismo spregiativo «niuttare», quando poi scoppiò lo scandalo della P2 l'ex commissario dell'Egam si dovette difendere davanti alla commissione parlamentare d'inchiesta presieduta da Tina Anselmi. Le accuse contro di lui, sostenute con determinazione dai radicali di Marco Pannella, erano senza prove. Nella lista degli appartenenti alla Loggia Propaganda 2 trovate quarant'anni fa a Castiglion Fibocchi, in provincia di Arezzo, il nome di Ugo Niutta non compariva. Ma durante un drammatico interrogatorio segretato alla commissione Anselmi, poi desegretato anni dopo, negando comunque la sua appartenenza alla massoneria, ammise le sue relazioni con personaggi legati a Gelli e di aver preso soldi, 75 milioni di lire, da Angelo Rizzoli e Bruno Tassan Din.

La macchia della P2

La P2 è un cancro le cui metastasi hanno intaccato anche la magistratura, si sa. Nella lista di Castiglion Fibocchi di magistrati ce ne sono diciotto. Fra di loro, anche esponenti del Consiglio superiore. Ma non ci sono soltanto gli iscritti alla loggia massonica. Salta fuori che altri magistrati, i cui nomi non figurano nell'elenco, non sarebbero rimasti insensibili alle sorti di uno dei personaggi chiave del mondo P2, il banchiere Roberto Calvi. Per esempio il vicepresidente del Csm Ugo Zilletti, che deve subire l'onta della perquisizione del suo ufficio a Palazzo dei Marescialli. «Nell'ambito del procedimento» dice la relazione conclusiva della commissione parlamentare d'inchiesta di Tina Anselmi «venne assunta la testimonianza del dottor Carlo Marini, all'epoca procuratore generale della Repubblica presso la Corte d'appello di Milano, il quale riferì di aver appreso dal procuratore della Repubblica Mauro Gresti che quest'ultimo era stato sollecitato a restituire il passaporto a Roberto Calvi da Ugo Zilletti, all'epoca vicepresidente del Consiglio superiore, e dal magistrato Domenico Pone. Ha aggiunto inoltre il Marini che, dopo l'avocazione del processo al suo ufficio, ricevette una telefonata dal medesimo Zilletti che lo pregò di adottare la massima cautela nel trattare il procedimento a carico di Calvi, procedimento nell'ambito del quale era avvenuto il ritiro del passaporto, e che lo stesso Zilletti gli mandò, sempre per lo stesso motivo, come suo messaggero, il dottor Giacomo Caliendo, componente del Consiglio.»

Di tutti i magistrati citati in questo passaggio della relazione Anselmi soltanto uno, nel momento in cui viene pubblicato questo libro, è ancora in attività. Un'attività diversa, però, da quella di magistrato. Classe 1942, originario di Saviano, un paesone di 16mila abitanti nella provincia di Napoli, all'epoca Giacomo Caliendo è un giovane e stimato magistrato impegnato nelle attività associative della categoria. Fra i fondatori di Unicost (Unità per la costituzione) c'è anche lui. Ma ancor prima, nell'ottobre 1976, lo eleggono a soli 34 anni nel Consiglio superiore della magistratura. Dove rimane fino al luglio 1981. L'episodio rivelato nella relazione Anselmi non manca di avere qualche ripercussione sulla sua corrente, come rivela Guido Melis nel saggio *Le correnti della magistratura. Origini, ragioni ideali, degenerazioni*. Caliendo, va precisato, non era iscritto alla P2. Quando però viene candidato dalla sua corrente alla presidenza dell'Associazione nazionale magistrati, un pezzo dell'Unicost saluta e se ne va. Gli scissionisti sono una minoranza, ma di peso. Un nome per tutti: Mario Almerighi. Colui che nel 1974 svela lo scandalo dei petroli nel quale sono invischiati tutti i partiti di maggioranza dell'epoca. Il magistrato Caliendo avrà poi una lunga e proficua carriera professionale, culminata in Cassazione, prima di entrare in politica e candidarsi al Senato nel 2008. Eletto in Lombardia nelle liste del Popolo della Libertà, il nuovo partito di Silvio Berlusconi appena tornato a Palazzo Chigi, Caliendo entra subito a far parte della squadra di governo. Sottosegretario alla Giustizia. E la sua avventura in politica non risulta episodica. Rieletto nel 2013 e ancora nel 2018, Caliendo non molla il Cavaliere neppure nella sua parabola discendente. Al Senato sta con la rinata Forza Italia e presiede la commissione contenziosa, l'organismo che ha il compito di giudicare i ricorsi sui provvedimenti interni. Tipo la delibera sul taglio dei vitalizi che la presidente di Palazzo Madama, la senatrice di Forza Italia Maria Elisabetta Alberti Casellati, ha mandato giù malvolentieri. E che il 25 giugno 2020 quella commissione annulla come da pronostico. Decisivo, per la cronaca, il voto del presidente Caliendo.

Fra i diciotto magistrati della lista P2 un consigliere di Stato però c'è. È uno di quelli nominati dal governo. L'ha nominato il governo di Arnaldo Forlani nel dicembre 1980, qualche settimana dopo essersi insediato. Si chiama Mario Semprini, proviene dai ruoli prefettizi ed è il capo di gabinetto del presidente del Consiglio. Giuliano Turone e Gherardo Colombo, i due giudici che indagano sulla loggia di Gelli, ne fanno la conoscenza il 25 marzo 1981, esattamente otto giorni dopo che tutto è cominciato. La faccenda è così irta di spine che hanno chiesto di essere ricevuti da Forlani. Dopo due ore di attesa a Palazzo Madama il presidente del Consiglio fa sapere che li aspetta invece a Palazzo Chigi. Dove i due si precipitano, e hanno una sorpresa. La racconta Turone nel suo libro *Italia occulta*: «Arriviamo a Palazzo Chigi, ci accompagnano in anticamera e qui chi ci riceve? Il prefetto Mario Semprini, che dall'elenco della P2 risulta titolare della tessera d'iscrizione n. 1637. Non siamo nemmeno tanto stupefatti, sapevamo che il segretario particolare di Forlani risultava nella lista P2. Pensavamo però che avesse il buon gusto di non venire ad aprirci la porta». L'incontro con Forlani comincia così. Poi Gherardo Colombo mostra la domanda di ammissione alla loggia firmata nientemeno che da Adolfo Sarti, il ministro di Grazia e Giustizia del suo governo. Suggerendogli di confrontare la firma con quella di un documento del suo ministro, che lui certamente ha. Le firme sono identiche. Quella domanda in realtà Sarti l'ha ritirata, ma non può evitare le dimissioni. E settantadue ore più tardi frana anche il governo Forlani nel quale ci sono pure il ministro del Lavoro e cinque sottosegretari piduisti. Quando la lista viene pubblicata, Semprini smentisce. Mentre durante la sua deposizione alla commissione Anselmi, un anno e mezzo dopo, Forlani cade dalle nuvole. «Semprini» fa mettere a verbale «è sempre stata una persona prudente e riservata. Mi pare impossibile che si sia assoggettato ai rituali massonici ed escludo che abbia mai potuto svolgere attività in contrasto con le mie direttive.» Stop. Semprini rimarrà nei ruoli del Consiglio di Stato fino al suo pensionamento, nel 1988.

L'esilio di Sullo

La moda di piazzarci i politici rottamati, dopo quella acrobatica sentenza del 1972 targata Bonifacio, andò avanti ancora un po'. Caso eclatante fu, nel 1978, quello di Fiorentino Sullo. Capo indiscusso della sinistra democristiana di base avellinese, aveva fatto parte dell'Assemblea costituente guadagnandosi in seguito ben cinque volte i galloni da ministro. Nel partito, al Sud, era un re delle preferenze. Alla pari, per capirci, con figure del livello di Emilio Colombo e Remo Gaspari. Ma poi gli erano capitate alcune disavventure alquanto serie. La prima se l'era cercata lui, nel 1963. Quando da ministro dei Lavori pubblici si era messo in testa, nell'Italia dove il saccheggio edilizio stava raggiungendo il culmine, di mettere un freno all'andazzo. Propose una legge urbanistica sul modello inglese, quello del diritto di superficie, capace di stroncare la speculazione dei palazzinari sulle aree edificabili, che sarebbero rimaste di proprietà pubblica. Piccolo particolare, la Dc era la stella polare del partito del cemento: in piena parabola ascendente. Di conseguenza la stella di Sullo rapidamente imboccò il lato discendente. Aveva però ancora uno zoccolo elettorale molto solido nell'Avellinese, ragion per cui non poteva essere scaricato facilmente.

A quello pensarono i suoi rivali locali nel partito. E fu la seconda e decisiva disavventura. Gli fece le scarpe un consigliere nazionale democristiano, originario di Nusco, un paese di quattromila anime a una quarantina di chilometri da Avellino, che era entrato in Parlamento nel 1963. All'anagrafe, Ciriaco De Mita. Fra incarichi ministeriali e parlamentari Sullo tirò avanti fino al 1974. Poi gettò la spugna passando con il Partito socialdemocratico, e nel 1976, dopo la Costituente e sei legislature di fila, per la prima volta non ci fu uno scranno con su scritto FIORENTINO SULLO a Montecitorio. Senza poltrona, fuori dal partito, ma con la sua storia, a 55 anni non meritava di finire così. Ci pensò allora Andreotti, sempre lui. Nel 1978 lo nominò consigliere di Stato. Per un curioso scherzo del destino ministro della Giustizia era Francesco Paolo Bonifacio, l'autore della famosa sentenza della Corte costituzionale che aveva sdoganato le nomine politiche. E nomina più politica di questa davvero non ci poteva essere. Anche perché l'irrequieto Sullo non fece trascorrere che qualche mese prima di ricandidarsi, con la medaglietta di consigliere di Stato sul bavero, alla Camera. Stavolta però con il Psdi di Pietro Longo.

Nel 1981 arrivò poi al Consiglio di Stato Anton Ebner, che era stato uno dei fondatori della Südtiroler Volkspartei. Arrivò perché era prevista dalla legge la presenza al Consiglio di Stato di un esponente della minoranza linguistica tedesca. Anch'egli, come Venerio Cattani prima di lui, direttore di un giornale: il «Dolomiten». Ma poi la stagione delle persone smaccatamente paracadutate dai partiti si chiuse quasi del tutto. L'anno seguente il Parlamento approvò la legge che ha attribuito al governo il potere di designare un quarto dei posti in Consiglio di Stato. Da allora le nomine governative hanno preso una piega diversa. Non più quella della rottamazione dei politici ma dei funzionari pubblici legati in qualche modo alla politica. Con una regola quasi mai trasgredita: che le nomine governative sono innanzitutto riservate ai vertici amministrativi di Camera e Senato.

Grand commis o amichetti?

Ecco allora Gaetano Gifuni, potentissimo segretario del Senato e poi capo dell'amministrazione del Quirinale. Ecco Andrea Manzella, consigliere parlamentare e capo di gabinetto di Giovanni Spadolini a Palazzo Chigi. Che poi sarebbe stato nove anni senatore del centrosinistra. Ecco Antonio Maccanico, funzionario parlamentare e consigliere di Stato. Nonché, poi, deputato del centrosinistra. Ma anche presidente di Mediobanca e quasi presidente del Consiglio nel 1996. Ecco Gianfranco Ciaurro, consigliere parlamentare prima di finire al governo per due mesi con Giuliano Amato: ministro dei rapporti con Bruxelles e per le Regioni. Ecco l'ex segretario generale della Camera Mauro Zampini. Ecco il suo collega del Senato Antonio Malaschini, passato alle cronache nel 2012, quando era sottosegretario del governo di Mario Monti, per aver rinunciato allo stipendio da consigliere di Stato. Bontà sua: sommando pensione d'oro alla paga ministeriale superava quota 700mila. Ecco Sergio Berlinguer, segretario generale del Quirinale di Francesco Cossiga che poi lo spedì al Consiglio di Stato. Senza immaginare che avrebbe fatto il ministro nel primo governo di Silvio Berlusconi. Ecco i capi dei servizi segreti: Nicolò Pollari, Vittorio Stelo e Vincenzo Parisi, che da capo della polizia subì il furto, nelle due auto di scorta blindate, delle pistole che c'erano dentro. Ecco Luciana Lamorgese, nominata consigliera di Stato dal governo di Giuseppe Conte, il primo: quello con Matteo Salvini. Poi ministra dell'Interno con lo stesso Giuseppe Conte, ma in una maggioranza di centrosinistra, e con Mario Draghi. Ed ecco pure un avvocato, di grido, ma amministrativista: significa che si occupa delle cause intentate al Tar e al Consiglio di Stato. Luca Di Raimondo, il suo nome, che si ricorderanno per un bel pezzo. Non tanto per il profumo di conflitto d'interessi (un avvocato che si trasforma in giudice dello stesso tribunale dove patrocina le cause!), quanto per lo sconquasso che causa quel profumo. Per le nomine governative è prevista una foglia di fico, nel senso che devono avere il parere favorevole formale dell'organo di autogoverno della magistratura amministrativa. E di solito il «sì» arriva senza troppe storie, ma non in questo caso. Scrive sul «Corriere della Sera» Virginia Piccolillo che il presidente della commissione delegata al parere sulle nomine, Giulio Castriota Scanderbeg, si dimette per protesta nei confronti del *plenum* che a maggioranza dice sì alla proposta del governo. Ancora una volta, il secondo governo di Giuseppe Conte. Castriota sostiene che mancano i requisiti di imparzialità e indipendenza che dovrebbero ispirare qualunque magistrato. Già. L'ex magistrato della Corte dei conti Salvatore Sfrecola sul suo blog «Un sogno italiano» lo descrive come «il pupillo di Giuseppe Conte». Immaginando «che Montesquieu si rivolti nella tomba dal momento che una norma antica, che riserva al Governo la scelta di una parte dei Consiglieri di Stato, non era stata mai utilizzata per piazzare lì un noto avvocato del foro romano. Finora nelle scelte del Governo prevalevano *grand commis de l'État*, prefetti, ambasciatori, direttori generali tratti dai ministeri, generali e ammiragli a tre stelle. Ma Conte ci teneva alla nomina e così, dopo due votazioni andate a vuoto, ha ottenuto il parere favorevole a scrutinio segreto, malgrado la prassi preveda per questo tipo di votazioni il voto palese, per una questione di trasparenza».

Un vigile al Consiglio di Stato

Resta solo da chiedersi in quali dei casi precedenti di nomine governative quei requisiti di imparzialità e indipendenza fossero rispettati fino in fondo. Forse in quello di Antonella Manzione? Lei è la sorella di un illustre magistrato, Domenico Manzione, che è stato pubblico ministero in varie procure, da Monza a Lucca, a Firenze. Un bel giorno del 2013 il governo di Enrico Letta lo nomina sottosegretario all'Interno. Il momento è assai complicato. Nessuno ha vinto le elezioni politiche del 2013, che il segretario del Pd Pier Luigi Bersani era sicuro di stravincere. E visto che i grillini, arrivati a un passo dalla vittoria, non hanno voluto allearsi con la sinistra, per fare il governo i dem si sono accordati con il partito dell'acerrimo nemico Silvio Berlusconi. Che ha preteso il posto di ministro dell'Interno per Angelino Alfano, il quale ha dovuto però digerire un paio di sottosegretari del Pd oltre all'indipendente magistrato Domenico Manzione. Un indipendente che con Bernardo Iovene di «Report» si definisce «tecnico considerato in quota renziana». Nel senso, replica all'insistenza del giornalista della trasmissione allora condotta da Milena Gabanelli, che al ministero dell'Interno «ci arrivo per indicazione derivante da Renzi basata su ragioni di conoscenza, di affetto, di amicizia e di stima personale».

Anche sua sorella Antonella, dopo tutto, può essere definita una tecnica in quota renziana. Nel senso che arriva alla presidenza del Consiglio, come capo dell'ufficio legislativo, ossia la struttura che scrive materialmente leggi e decreti, perché la chiama Matteo Renzi, in quel momento capo del governo e segretario del Partito democratico. Renzi la conosce bene, Antonella Manzione. Per tutto il suo mandato da sindaco di Firenze è lei che ha diretto il corpo dei vigili urbani del capoluogo toscano. L'ingresso di Antonella Manzione a Palazzo Chigi è una bomba. Il dipartimento Affari giuridici della presidenza del Consiglio è il cuore del potere governativo. Per questo è stato quasi sempre nelle mani dei consiglieri di Stato. Qualche nome? Vincenzo Caianiello, Carlo Malinconico, Filippo Patroni

Griffi, Claudio Zucchelli... Nel governo Renzi Antonella Manzione prende il posto che con Letta era affidato a un altro consigliere di Stato, quel Carlo Deodato già capo di gabinetto di Renato Brunetta nell'ultimo governo Berlusconi, e poi riportato da Mario Draghi sulla poltrona di capo dell'ufficio legislativo del governo. E sembra il preludio di una rivoluzione violenta. Ovvero, l'estromissione della piccola e potentissima casta di superburocrati dal ponte di comando del governo. La cosa è talmente pazzesca da generare una crisi di rigetto immediata e dolorosa. La Corte dei conti rifiuta di dare l'obbligatorio via libera al decreto di nomina perché l'ex capo dei vigili urbani fiorentini non avrebbe i requisiti. Qualcuno ricorda che fra il giovane premier e i magistrati contabili ci sono vecchie pendenze, tipo la contestazione per certe nomine alla Provincia di Firenze quando Renzi ne era presidente, a confermare la tesi che alla Corte hanno il dente avvelenato. Ma Palazzo Chigi non cede, e alla fine a cedere è la controparte. Antonella Manzione dura alla presidenza del Consiglio due anni e mezzo, circondata da una impalpabile ostilità. Che trapela anche dalle parti del giglio magico renziano. Finché un giorno viene pubblicato un decreto di 220 articoli che riscrive da cima a fondo il vecchio Codice degli appalti, ma si scopre che dentro ci sono 181 (centottantuno!) errori. Il disastro finisce per essere da molti imputato ai suoi uffici. Renzi però la difende: «Antonella Manzione è una secchionissima laureata a Pisa! Litigava con tutti ma era bravissima! Un pitbull. Chiedete a Cantone chi ha risolto, con lui, i problemi all'Expo...» dirà a Gian Antonio Stella in un'intervista al settimanale «Sette» del «Corriere della Sera», difendendo tutte le sue scelte. Compresa l'ultima. Il 9 novembre 2016, alla vigilia della sconfitta al referendum costituzionale che provocherà le sue dimissioni dal governo, Renzi nomina Antonella Manzione consigliere di Stato. Nell'organo di autogoverno della magistratura amministrativa, che deve dare il previsto parere, esattamente come accadrà quattro anni più tardi nella vicenda di Luca Di Raimondo, c'è qualcuno che si oppone con durezza. Stavolta però non è un consigliere di Stato. È un avvocato di nomina politica, uno dei membri laici che vengono designati dal Parlamento, vale a dire dai partiti, negli organi di autogoverno delle varie magistrature a partire dal Csm. Lo ha indicato a suo tempo il Movimento 5 Stelle attraverso Alfonso Bonafede, deputato e legale esperto delle questioni di giustizia, materia per cui ha una specie di delega dallo stato maggiore grillino. L'avvocato in questione ha 54 anni ed esibisce un curriculum dal quale risulta uno stretto rapporto professionale con il principe del foro Guido Alpa. Si chiama Giuseppe Conte. E schiera l'artiglieria pesante contro la prescelta dell'odiatissimo (dai grillini) Renzi. La prima bordata è sull'età: Antonella Manzione non ha 55 anni, il minimo previsto. Ne ha appena 53. La seconda è che «non offre garanzie». Secondo il futuro presidente del Consiglio non le offrirebbe né sul piano della competenza professionale ma neppure, quel che è più grave, su quello «dell'indipendenza». Accusa identica a quella che sarà mossa quattro anni dopo al suo «pupillo», peraltro ancora più giovane dell'ex capo della polizia municipale di Firenze. Identico l'esito: la ratifica della nomina, a maggioranza. Ma con una differenza. Che in questo caso l'accusatore non si dimette.

La via di Piga

Ma chi crede che i condizionamenti della politica su questo frammento tanto importante della magistratura passino attraverso le nomine governative, non ha capito niente. Perché la faccenda delle interferenze e dei rapporti con i partiti e i leader politici, come si vedrà, è molto più complessa. Le persone che vengono catapultate al Consiglio di Stato dall'esecutivo finiscono quasi sempre per avere ruoli marginali. Non c'è infatti un presidente di sezione che non provenga dai ruoli della magistratura, e sarebbe strano il contrario.

Una volta non era così. Dal 1859, quando la carica fu istituita, e per quasi un secolo, era normale che presidente del Consiglio di Stato fosse un politico. Al timone si alternavano soprattutto senatori. Da Carlo Cadorna, fratello del generale Raffaele Cadorna, pilastro dell'esercito piemontese all'epoca delle guerre d'indipendenza e poi parlamentare della destra, fino al presidente del Senato repubblicano Meuccio Ruini. Per concludere con l'ultimo presidente di emanazione direttamente politica, Raffaele Pio Petrilli: ministro della Riforma burocratica nel sesto governo di Alcide

De Gasperi. Magistrato e avvocato dello Stato, venne nominato consigliere nel 1945 dal governo di Ivanoe Bonomi, ma l'anno seguente si candidò all'Assemblea costituente con la Dc e nel 1948 alla Camera, collezionando incarichi di governo fino al 1953. Lo rividero a Palazzo Spada quell'anno, da deputato democristiano e con i galloni da presidente. E la cosa scatenò discussioni a non finire. La Costituzione repubblicana approvata cinque anni prima dalla Costituente, di cui anche Petrilli faceva parte, aveva stabilito il principio dell'indipendenza della magistratura. E ora il primo presidente del Consiglio di Stato nominato sotto la neonata Repubblica arrivava dritto da un partito, dal Parlamento e dal governo. Subito si formò una scuola di pensiero che ne pretendeva quantomeno le dimissioni da deputato. Prevalse invece la tesi secondo cui questa non doveva essere un'imposizione ma il frutto di una libera scelta. E libera scelta fu: il primo presidente repubblicano del Consiglio di Stato se ne restò in Parlamento, seduto nei banchi della Democrazia cristiana.

Da allora, però, almeno la forma sarebbe stata sempre rispettata. La forma, perché la sostanza del rapporto fra consiglieri di Stato e politica è ben diversa. Certo, qualche eccezione non è mancata. Franco Piga, per esempio. Figlio di un magistrato di Cassazione, il diritto l'aveva nel sangue. Ma ben mischiato con altre attitudini. Fra tutte, primeggiava quella per il potere. Consigliere di Stato a 31 anni, a 42 era capo di gabinetto del presidente del Consiglio Mariano Rumor. Fra la fine del 1968 e del 1974 lo affiancò fedelmente per cinque governi. E avrebbe fatto ben fruttare i 1106 giorni passati a Palazzo Chigi. Nel 1984 il governo di Bettino Craxi nominò lui alla presidenza della Consob e Nerio Nesi al vertice della Banca nazionale del lavoro. Che si trattasse di una spartizione fra democristiani e socialisti era più che un sospetto. E quando nell'aprile 1987 Amintore Fanfani consegnò a Piga la poltrona di ministro dell'Industria nel suo ultimo breve governo, ogni ombra venne dissipata. Presidente di sezione del Consiglio di Stato, presidente della Consob e ministro. Nessun magistrato prima di lui era riuscito a costruire una simile piramide di potere.

Per fare bingo gli mancava soltanto un seggio in Parlamento. Ma a quello pose rimedio in un battibaleno. Alle elezioni dell'estate 1987 si presentò nelle liste democristiane a Milano, incurante delle frecciate sulla palese inopportunità che un presidente della commissione incaricata di vigilare sulla Borsa si presentasse a chiedere il voto degli elettori, e proprio dalle parti di piazza Affari. Fatto sta che Piga venne eletto e subito si dimise dal Parlamento preferendo restare alla Consob. Tre anni dopo, ecco una seconda chiamata al governo. Stavolta da Giulio Andreotti. I ministri della sinistra democristiana si erano dimessi clamorosamente per protesta contro la legge sull'emittenza che portava il nome del ministro repubblicano Oscar Mammì. Occorreva perciò sostituire pure l'inquilino delle Partecipazioni statali Carlo Fracanzani, che aveva gettato la spugna insieme all'intera delegazione della corrente demitiana. La scelta era cruciale. L'alleanza chimica fra Eni e Montedison nell'Enimont era franata miseramente: il suo successore aveva il delicatissimo compito di celebrare il divorzio. E Andreotti affidò l'incarico al presidente della Consob, ponendo le condizioni per un incredibile conflitto d'interessi. Nella Borsa italiana, su cui Piga doveva vigilare, la Montedison era una delle più importanti società quotate. Piga si insediò al ministero delle Partecipazioni statali il 27 luglio 1990 e il 5 settembre aveva già firmato il divorzio. Morì d'infarto il 26 dicembre 1990, mentre si trovava in vacanza a Cortina. Dieci anni più tardi, il 19 settembre 2000, la vedova di Piga fu chiamata a rispondere in tribunale alle domande di Francesco Greco, il pubblico ministero di Mani pulite che aveva condotto le indagini sulla maxitangente Enimont, una parte consistente della quale venne distribuita fra vari beneficiari in titoli di Stato. Maria Teresa Di Macco confermò che dopo la morte di suo marito l'avvocato Antonio Lefebvre d'Ovidio le aveva dato 900 milioni di lire in certificati di credito del Tesoro. Aggiunse di aver suddiviso 500 milioni di quei Cct fra i due figli e di aver riconsegnato i 400 milioni rimanenti al medesimo avvocato per farli gestire all'agente di cambio Giancarlo Rossi. Dice il resoconto dell'Ansa che il surreale interrogatorio si concluse con il presidente del tribunale che dopo aver sottolineato che «500 milioni non sono noccioline» chiese alla vedova Piga se avesse svolto qualche attività. Sentendosi rispondere: «Sono stata soltanto una madre. Non ho mai lavorato».

8

La lezione del ministro

Il salto mortale del maestro di sci

Tutto si può dire del consigliere di Stato Giuseppe Severini, tranne che sia un attaccabrighe. Ma per aver fatto ciò che ha fatto deve aver pensato che pure il limite minimo della dignità era stato ormai superato. E non si poteva più far finta di niente. Si capisce leggendo il suo ricorso contro la decisione del 16 aprile 2021 del Consiglio di presidenza che ha designato Franco Frattini presidente aggiunto del Consiglio di Stato.

La carica equivale a quella di vicario del numero uno di Palazzo Spada, ma soprattutto colloca il suo destinatario in pole position per il supremo vertice del Consiglio di Stato. Non più occupato da un politico negli ultimi sessant'anni.

Frattini assume la carica il 22 aprile e Severini presenta il ricorso al Tar Lazio il 16 giugno, un mese dopo essere andato in pensione. Afferma di nutrire un «interesse morale oltre che economico» per far saltare la nomina. E spiega perché. Chi ha deciso di attribuire la carica a Frattini, cioè l'organo di autogoverno, ha usato come parametro la sola anzianità di ruolo, senza considerare il tempo passato dagli altri candidati a fare i giudici. Al punto che i loro «curricula non sono stati nemmeno considerati (e, men che meno, comparati)» nonostante qualcuno, nella commissione interna incaricata di selezionare i candidati, l'avesse chiesto. E da quella commissione è stato mandato per la decisione finale al *plenum* dell'organo di autogoverno un solo nome. Quello di Frattini, appunto.

Ma se il criterio con cui vengono da sempre fatte le nomine in magistratura è l'anzianità, perché questa dovrebbe suscitare tanto scandalo? Dipende da che anzianità si prende in esame. Perché dei trentatré anni e mezzo trascorsi dal giuramento come consigliere di Stato alla nomina come numero due di Palazzo Spada, Frattini ne ha passati decisamente più della metà a fare politica, in aspettativa. Esattamente, precisa il ricorso di Severini, diciotto anni e mezzo. Segue elenco: ministro della Funzione pubblica del governo di Lamberto Dini dal 17 gennaio 1995 al 22 marzo 1996; deputato di Forza Italia dal 1996 al 2004 e consigliere comunale di Roma dal 1997 al 2000; di nuovo ministro della Funzione pubblica nel secondo governo di Berlusconi dall'11 giugno 2001 al 12 novembre 2002; ministro degli Esteri nello stesso governo dal 14 novembre 2002 al 14 novembre 2004; commissario europeo designato sempre dal medesimo governo dal 22 novembre 2004 all'8 maggio 2008; deputato del Popolo della Libertà dal 29 aprile 2008 al 14 marzo 2013, periodo durante il quale è tornato anche alla Farnesina fra il 2008 e il 2011.

Una carriera politica pazzesca. Che gli ha assorbito 6621 giorni sui 12.243 da quando è entrato al Consiglio di Stato e fino all'ultima nomina. Com'è stato possibile che non se ne sia tenuto conto quando si è deciso di mettere Frattini, un politico in servizio permanente effettivo per più di 18 anni fino al 2013, sulla rampa di lancio per diventare presidente del Consiglio di Stato? Il ricorso di Severini risponde anche a questo mistero. C'è scritto che alla riunione del 13 aprile 2021 del Consiglio di presidenza, tre giorni prima della designazione da parte dell'organo di autogoverno, «si è a lungo discusso se calcolare o meno nell'anzianità di servizio del nominando i periodi di attività politica». Arrivando però alla conclusione surreale che possono essere, ebbene sì, calcolati pure quelli nell'anzianità di un magistrato. La motivazione assomiglia a un triplo salto mortale con doppio carpiato del maestro di sci Frattini: l'aspettativa presa per ragioni «extraistituzionali», come quelle politiche, si può equiparare al cosiddetto «fuori ruolo». Che cosa significa? In sostanza, un consigliere di Stato che va in aspettativa perché viene eletto alla Camera con un partito, e perciò non prende lo stipendio, è come se andasse a fare il capo di gabinetto di un ministero conservando la busta paga. E siccome i periodi «fuori ruolo» sono dal 2006 equiparati ai fini dell'anzianità a quelli «in ruolo», per la proprietà transitiva il gioco è fatto. Per evitare la beffa a nulla serve ricordare, come fa Leonardo Spagnoletti alla riunione del Consiglio di presidenza il 16 aprile 2021, che quella legge del 2006 tiene ben distinto il «fuori ruolo» dall'aspettativa per mandati elettivi o incarichi politici.

Promosso mentre fa il ministro

Quale beffa? Quella, dice il ricorso, per cui «la dedizione del dott. Severini al servizio di istituto è stata dal consiglio stimata valere, per ogni giorno, meno della metà di quella del dott. Frattini. Come se l'attività politica valesse più del doppio di quella d'istituto per questa nomina subapicale».

Già basterebbe questo per sollevare una questione che va oltre ciò che può apparire un semplice battibecco su una poltrona pubblica, anche se particolarmente importante. Perché la vicenda di cui parliamo sta a dimostrare quanto sia robusto il cordone ombelicale di certa magistratura con la politica. E quanto l'indipendenza del potere giudiziario possa rivelarsi in determinate circostanze un concetto abbastanza vacuo. Ma per convincere chi ancora nutrisse dubbi dopo aver letto queste prime pagine, è sufficiente scorrere il ricorso, che più avanti racconta un fatto davvero sorprendente. Severini afferma che Frattini non potrebbe essere nominato numero due di Palazzo Spada anche perché manca un presupposto fondamentale, ritenendo illegittima la sua nomina a presidente di sezione del Consiglio di Stato. Illegittima, sostiene il ricorso, perché «avvenuta nel 2009, quando egli era in aspettativa per mandato parlamentare».

Si scopre dunque che Frattini ha ottenuto la promozione in magistratura mentre era fuori dalla magistratura, dato che era deputato del Popolo della Libertà e anche ministro fra i più importanti del governo Berlusconi, il titolare degli Esteri. Il che apre un altro e più impressionante scenario sulla famosa indipendenza della magistratura, al cui confronto il dibattito tra «fuori ruolo» e aspettativa è faccenda di lana caprina. Perché se un parlamentare in carica può far carriera nella magistratura, e che carriera, mentre se ne sta alla Camera o al Senato senza fare il magistrato, e per giunta in quel momento ha la carica di ministro della Repubblica, tutti i principi che hanno ispirato la separazione dei poteri sancita dalla nostra Costituzione rischiano di apparire privi di senso. Senza contare un dettaglio niente affatto marginale. La nomina a presidente di sezione del Consiglio di Stato non può prescindere da una verifica di merito del lavoro svolto dal magistrato. E sarebbe interessante capire come è stato possibile, per l'organo di autogoverno dell'epoca, fare una simile verifica. Il ministro degli Esteri non lavorava in magistratura da quattordici anni.

Il bluff sul conflitto d'interessi

Il *cursus honorum* di Franco Frattini parla chiaro. Pochi politici italiani possono vantare una simile progressione di incarichi prestigiosi. Quanto però la sua formidabile carriera nel Palazzo sia frutto di effettive qualità personali, o sia invece più conseguenza delle funzioni svolte nel partito al fianco del capo, è difficile dire. Ma è un fatto che l'opera di Frattini sia stata fondamentale, quando Berlusconi torna a Palazzo Chigi nel 2001, per tentare di togliergli certe castagne dal fuoco. Quelle del conflitto d'interessi. Non per nulla è stata battezzata «legge Frattini», anche se quando viene approvata dal Parlamento il ministro della Funzione pubblica competente è l'avvocato dello Stato Luigi Mazzella. Frattini gli ha lasciato il posto ormai da un anno e mezzo. Il Cavaliere lo ha trasferito alla Farnesina dopo aver tenuto l'interim degli Esteri per dieci mesi, dal giorno della Befana del 2002. Giorno in cui Renato Ruggiero si è dimesso dopo aver rilasciato un'intervista di fuoco al «Corriere della Sera» per protesta contro l'accoglienza gelida riservata dal governo non troppo europeista al debutto della moneta unica. L'ispiratore della legge sul conflitto d'interessi architettata per mettere la sordina alla polemica estenuante che insegue il premier e proprietario della maggior catena televisiva privata Berlusconi da quando ha scelto di fare politica, però, è proprio lui. E confeziona un capolavoro. La legge è apparentemente durissima. Invece è una pistola caricata a salve. L'unica sanzione prevista per chi si macchia di un conflitto d'interessi è la pubblicazione in fondo ai bollettini parlamentari della eventuale delibera dell'Antitrust, cui si dà anche questa incombenza supplementare. Per averne la dimostrazione non si deve attendere troppo. Sei mesi dopo aver restituito il ministero dell'Economia a Giulio Tremonti, l'ormai ex ministro e direttore generale del Tesoro Domenico Siniscalco viene ingaggiato dalla banca d'affari Morgan Stanley. Commette l'errore di non far passare un anno dall'uscita da via XX Settembre, limite minimo stabilito dalla legge Frattini per assumere incarichi privati in presunto conflitto con l'incarico pubblico cessato. E si becca uno scappellotto indolore dal presidente dell'Antitrust Antonio Catricalà: una delibera di incompatibilità senza alcun effetto concreto. Siniscalco non ha mai dovuto interrompere la sua collaborazione con Morgan Stanley.

L'ultimo arbitrato

Ma al destino non manca la capacità di giocare anche qualche brutto scherzo. Così succede che nel novembre 2001 il «Corriere della Sera» racconta che il consigliere di Stato Franco Frattini, in aspettativa parlamentare nonché ministro della Funzione pubblica, fa parte di un collegio arbitrale relativo a un appalto dell'alta velocità ferroviaria. Cose forse già viste in passato senza suscitare particolare scandalo. Questo caso, però, è diverso. Perché Frattini è l'autore del disegno di legge sul conflitto d'interessi che all'articolo 2 recitava testualmente: «I titolari delle cariche di governo, nel corso del loro mandato, non possono esercitare attività professionali in materie connesse con la funzione svolta o svolgere incarichi di consulenza o arbitrali, di qualunque natura, anche se gratuiti, a favore di soggetti pubblici o privati». Quando la notizia diventa di dominio pubblico, il ministro della Funzione pubblica s'indigna: «Non ho leso in alcun modo i principi deontologici e professionali che hanno da sempre contraddistinto il mio operato». Poi, offeso, annuncia le dimissioni dal collegio arbitrale ma unicamente «per non offrire il fianco a polemiche inutili e prive di fondamento, né lasciare neanche una minima possibilità di poter insinuare dubbi, denigrare, offendere, ledere in modo falso e tendenzioso la mia persona e, attraverso di essa, il governo di cui ho l'onore di far parte».

Occorre rammentare che nel testo definitivo della legge sul conflitto d'interessi il riferimento al divieto di svolgere arbitrati per i titolari di incarichi pubblici è evaporato.

Intendiamoci, all'epoca era normalissimo chiamare un consigliere di Stato a far parte di un collegio arbitrale. Come vedremo, gli arbitrati erano anche una delle principali fonti di reddito di figure istituzionali come magistrati amministrativi e avvocati dello Stato. Magari l'aspetto estetico della cosa, nel momento in cui quel magistrato fosse stato anche parlamentare in carica, qualche osservazione l'avrebbe meritata.

Allora però non si andava troppo per il sottile, convinti che il giorno dopo con il giornale s'incarta il pesce. Per non parlare del fatto che Palazzo Spada è da sempre, per ragioni istituzionali, un crocevia di grandi relazioni che talvolta sfociano in prestigiosi incarichi pubblici.

Una Persona Politicamente Esposta

Nel 1994, appena entrato a Palazzo Chigi per la prima volta, Berlusconi affidò a tre saggi il compito di studiare una norma sul conflitto d'interessi che disinnescasse le polemiche. Compito che anni dopo avrebbe assolto Frattini. Fra quei tre c'era anche il presidente del Consiglio di Stato Giorgio Crisci (Agostino Gambino e Antonio La Pergola gli altri due), che subito dopo il successivo governo «tecnico» di Lamberto Dini avrebbe nominato presidente delle Ferrovie. Basta questo episodio per avere un'idea dello spessore delle relazioni che possono costruire i consiglieri di Stato. Se poi il consigliere in questione è anche ministro degli Esteri i suoi rapporti con interlocutori di grande potere sono all'ordine del giorno. Perciò le relazioni amichevoli che Frattini ha sempre intrattenuto con le alte sfere del Vaticano non sorprendono certo. Avere buoni rapporti con il segretario di Stato, in questo caso Tarcisio Bertone, per chiunque fosse il titolare della Farnesina era assolutamente nelle cose. Un filino di più, oggettivamente, sorprende invece leggere alcune righe contenute nella richiesta di rinvio a giudizio del tribunale vaticano per il cardinale Giovanni Angelo Becciu e altri personaggi coinvolti nel curioso acquisto di un immobile a Londra per una cifra iperbolica. Le righe in questione, che vanno raccontate per dovere di cronaca, si trovano a pagina 291 sotto il titolo: «Bonifico a Franco Frattini». C'è scritto che l'ex ministro degli Esteri nonché presidente aggiunto del Consiglio di Stato «è membro dell'advisory board della società Jci Capital ltd riferibile a Gianluigi Torzi, insieme a Giulio Tremonti (ex ministro dell'Economia) e Giovanni Castellaneta, ex ambasciatore italiano in Iran, Australia e Stati Uniti (nonché ex vicepresidente di Leonardo Finmeccanica, N.d.A.)». Il documento vaticano prosegue spiegando che nel corso delle indagini «è stata reperita una chat fra Torzi e la sua segretaria del 13 ottobre 2019 in cui lui le fornisce le istruzioni per effettuare tale bonifico "30mila. Advisory board. Franco Frattini intestatario". Tale bonifico avrebbe dunque dovuto essere una sorta di "gettone di presenza" per la partecipazione all'Advisoy board...».

Ma se le cose stanno così, e il bonifico da 30mila euro che porta la data del 14 ottobre 2021 non è altro che un compenso per la partecipazione a un organo societario di cui Frattini è membro, perché tirarlo in ballo in un documento del genere, considerando che non è nemmeno indagato? In quelle poche righe si spiega che citare quel bonifico nelle carte di un'inchiesta per reati che vanno dalla corruzione al peculato, fino all'autoriciclaggio a carico di altri soggetti è un atto dovuto, in quanto Frattini, avendo ricoperto incarichi politici e sedendo attualmente ai vertici del Consiglio di Stato «è classificabile come Persona Politicamente Esposta (PEP)» secondo le leggi antiriciclaggio. La ragione è che quel bonifico non viene disposto da una persona qualsiasi, bensì dal broker coinvolto con Becciu nell'operazione immobiliare londinese insieme a un imprenditore, Raffaele Mincione, che in precedenza si era avvalso della collaborazione di un avvocato diventato in seguito famoso, ma non per ragioni legate al proprio mestiere. Ossia, il futuro presidente del Consiglio dei ministri Giuseppe Conte. Lo stesso Gianluigi Torzi, aggiunge l'ufficio del Promotore di giustizia della Santa Sede (la Procura vaticana) nella richiesta di rinvio a giudizio per lui e altri tredici soggetti fra cui Becciu, evidentemente per illustrare il livello dei rapporti da lui intrattenuti, un giorno di giugno del 2019 invia a un gruppo WhatsApp la foto scattata a una cena «in cui oltre a Torzi e Frattini compaiono Renato Giovannini, Innocenzi Botti, Francesco Rocca e altre persone». Giovannini è il preside di giurisprudenza dell'università Guglielmo Marconi. Giancarlo Innocenzi Botti è stato direttore dei servizi giornalistici delle televisioni di Berlusconi, deputato di Forza Italia e sottosegretario alle Comunicazioni nel suo secondo governo (lo stesso in cui c'erano anche Frattini e Tremonti); dimessosi dall'Autorità per le comunicazioni in seguito alle polemiche scatenate su un presunto disegno di chiudere la trasmissione «Annozero» di

Michele Santoro, è stato nominato sempre dal governo del Cavaliere, il quarto, alla presidenza della società pubblica Invitalia. Francesco Rocca è invece il presidente della Croce rossa italiana, anch'egli componente dell'advisory board della società di Torzi.

Nel momento in cui questo libro va in stampa la vicenda giudiziaria è ancora aperta. E Frattini, come già precisato, non ne risulta coinvolto.

Per la massima carica della magistratura ai vertici del potere ora gli basterebbe salire il gradino finale. Mercoledì 15 dicembre 2021 la strada per la presidenza del Consiglio di Stato si fa improvvisamente sgombra: Filippo Patroni Griffi viene eletto giudice costituzionale, liberando così il posto più ambito. Ma sarebbe un salto nel passato remoto. L'ultimo presidente passato dalla politica è stato l'ex deputato e ministro della Riforma burocratica Raffaele Pio Petrilli, democristiano a denominazione d'origine controllata e garantita. Correva l'anno 1953. Un'altra era geologica, per la magistratura italiana: la Costituzione repubblicana era ancora in fasce.

9

Tutto in famiglia

Giudici che giudicano sé stessi

Il ricorso al Tar Lazio contro la nomina di Frattini fornisce un altro spunto per comprendere a fondo come funziona quel sistema di potere.

E lo fornisce in un modo davvero imprevedibile. Se venisse accettata la tesi che contiene, infatti, il Tar non potrebbe mai e poi mai discutere il suo ricorso. Severini chiede che venga sollevata una questione di legittimità costituzionale di tre articoli del Codice del processo amministrativo. Sono quelli che attribuiscono alla stessa magistratura amministrativa (in particolare al Tar Lazio) il potere di giudicare i ricorsi dei magistrati amministrativi contro il vertice della magistratura amministrativa. Questa la tesi: siccome l'organo di autogoverno ha potere assoluto sui giudici dei Tar e del Consiglio di Stato, dalle assunzioni ai trasferimenti, ai provvedimenti disciplinari, quale garanzia di imparzialità può offrire un tribunale come il Tar Lazio assoggettato a quell'organo di autogoverno in una causa contro una decisione del medesimo organo di autogoverno?

Il ragionamento non fa una grinza. Ma se fosse portato alla Consulta, e venisse accolto, le conseguenze potrebbero rivelarsi devastanti. Perché metterebbe in crisi un sistema fondato sulla più totale autoreferenzialità.

Dice tutto il meccanismo degli incarichi extragiudiziali. Vengono autorizzati dall'organo di autogoverno, dove però siedono magistrati a loro volta titolari di quegli incarichi. Potrà mai un Consiglio di presidenza della giustizia amministrativa composto da consiglieri di Stato e giudici del Tar impegnati nella giustizia sportiva negare la stessa opportunità a colleghi che gli chiedono di essere autorizzati? Vale per la giustizia sportiva, come per le attività di insegnamento e per gli incarichi di diretta collaborazione con i ministri. E come valeva per gli arbitrati o i collaudi delle opere pubbliche.

Insomma, se la suonano e se la cantano. Arrivando talvolta incredibilmente a sovrapporsi alla legge. Abbiamo già visto come siano riusciti a forzare l'interpretazione delle norme nell'equiparazione tra «fuori ruolo» e aspettativa. Prima però si era verificato un caso in cui la forzatura del «fuori ruolo» era stata in direzione esattamente contraria.

C'è dal 2012 una legge che ha gettato letteralmente nella disperazione i magistrati professionisti degli incarichi governativi. Trattasi del provvedimento anticorruzione che porta il nome della ex ministra della Giustizia del governo di Mario Monti, Paola Severino. La legge limita alla durata massima di dieci anni, anche non continuativi, il periodo di «fuori ruolo» che un magistrato può avere dall'organo di autogoverno. La misura è stata presa perché ormai molti consiglieri di Stato e giudici dei Tar, ma anche alcuni magistrati ordinari passano più tempo nelle stanze dei ministeri che in quelle giudiziarie. Va da sé che dal tetto sono esclusi i periodi passati per onorare cariche elettive. I magistrati eletti in Parlamento non possono essere considerati «fuori ruolo», anche perché vanno in aspettativa e quindi sono fuori dalla magistratura e non semplicemente dal «ruolo». E qui torniamo di nuovo al caso Frattini...

Sono esclusi dall'applicazione di questa disposizione anche i componenti togati del Consiglio superiore della magistratura nonché i magistrati che sono ministri e sottosegretari. Quando la legge viene approvata ce ne sono due. Il ministro per la Pubblica amministrazione Filippo Patroni Griffi, nominato a settembre 2018 presidente del Consiglio di Stato, e il sottosegretario a Palazzo Chigi Antonio Catricalà. In realtà ci sarebbe pure un terzo consigliere di Stato, l'ex segretario generale del Senato Antonio Malaschini: il quale tuttavia, per ragioni anagrafiche, non potrebbe superare i dieci anni di «fuori ruolo» prima di andare in pensione.

Un giudice musicista per Salvini

In queste deroghe al tetto dei dieci anni, a parte quella che riguarda il Csm, c'è un'anomalia di fondo. La legge Severino presuppone così, anche se in modo non esplicito, che un magistrato possa normalmente candidarsi al Parlamento o assumere incarichi politici come quelli di ministro o sottosegretario. Del resto non c'è alcun vincolo, né imposto dalla Costituzione né tantomeno da qualche legge (come poi vedremo), alla possibilità, per chi amministra la giustizia, di rappresentare i cittadini nelle Camere o far parte del governo. C'è però solo un piccolo particolare. I consiglieri di Stato hanno il compito istituzionale di fornire pareri sugli atti del governo, ma nella veste di giudici anche quello di emettere sentenze nelle cause che oppongono i cittadini all'amministrazione. Mettiamo che un ministro, il quale è anche un consigliere di Stato, debba chiedere un parere al Consiglio di Stato per un certo provvedimento che vuole prendere. E mettiamo che un cittadino, dopo essere passato dal Tar, faccia ricorso al Consiglio di Stato contro una decisione di un ministro che è un consigliere di Stato. Come se ne esce?

Bisogna dire che negli anni più recenti il governo sente sempre meno il bisogno di chiedere pareri. Secondo i dati ufficiali, nel 2015 erano arrivate 2675 richieste di parere e cinque anni dopo il loro numero si è ridotto a 1542. Il 42 per cento in meno. Ma per una ragione comprensibile. Se i ministeri sono già in mano ai consiglieri di Stato, che fanno i capi di gabinetto o i responsabili degli uffici che scrivono le leggi, ha senso chiedere un parere al Consiglio di Stato su un provvedimento studiato e messo a punto da un consigliere di Stato? Di conseguenza l'attività di Palazzo Spada è ormai concentrata prevalentemente sul giudizio dei ricorsi. È la Corte di ultima istanza per le cause contro l'amministrazione pubblica, visto che le sue sentenze, al pari di quelle di secondo grado della Corte dei conti, non sono impugnabili in Cassazione.

Torniamo però alla legge Severino. Un discreto problema, quel provvedimento. Perché al Consiglio di Stato ci sono diversi magistrati che se non hanno superato i dieci anni di «fuori ruolo», poco ci manca. Per loro le porte dei ministeri resterebbero sbarrate fino alla pensione. Uno di quelli che rischia di trovarsi in una simile condizione, nel momento in cui si pone il problema di rimuovere Roberto Garofoli, capo di gabinetto del ministro dell'Economia Giovanni Tria inviso ai 5 Stelle ma anche alla Lega, è Luigi Carbone. Ovvero colui che dovrebbe sostituirlo.

Figlio dell'ex presidente della Corte di Cassazione, è considerato una specie di genio del diritto amministrativo. Si laurea a 22 anni, a 23 è funzionario del Senato e a 27 consigliere di Stato. Nessuno che si possa ricordare è mai entrato a Palazzo Spada così giovane. Carbone è personaggio eclettico. Non sarebbe uno scandalo se il suo vero lavoro fosse il musicista. Nel sito dei NeaCo', che sta per «Neapolitan contamination», il gruppo musicale del quale è stato fondatore, si definisce testualmente «Presidente di sezione del Consiglio di Stato, pianista, compositore e arrangiatore, ma di professione Napoletano». Per rafforzare il profilo anticonformista, ha il vezzo di girare con il monopattino per i corridoi del ministero dell'Economia quando finalmente riesce a superare lo scoglio del «fuori ruolo» e diventa capo di gabinetto di Tria. E poi anche del ministro del Pd Roberto Gualtieri, che lo conferma.

Carbone ha avuto in passato diversi incarichi nei ministeri. Ricordate il falò delle 375mila leggi inutili innescato con un lanciafiamme dal leghista Roberto Calderoli nel marzo 2010 in una caserma dei vigili del fuoco a Roma? A quanto pare era farina del suo sacco. Non il falò, certo, ma il provvedimento che cancellava le presunte leggi inutili. Il suo problema per arrivare all'incarico di capo di gabinetto di Tria, il ministro dell'Economia del governo gialloverde, sono soprattutto i quasi cinque anni durante i quali, fra il 2011 e il 2016, ha occupato una poltrona da commissario dell'Autorità indipendente per l'energia. Quei cinque anni meno un mese di «fuori ruolo» rischiano di precludergli l'incarico. Per quello, problemi politici non ce ne sono. Anzi. Matteo Salvini, cioè l'azionista più forte del governo gialloverde, lo tiene in palmo di mano. Il magistrato Luigi Carbone ha collaborato alla stesura del programma della Lega nella parte sulla burocrazia. Ne parla lui stesso davanti a un'attenta platea nell'estate del 2017 da un pulpito sul quale c'è la scritta FACCIAMO SQUADRA! COSTRUIAMO IL

FUTURO. E sotto tre simboli: quello della Lega Nord, «Salvini premier» e «Noi con Salvini». Esordisce il presidente di sezione del Consiglio di Stato e musicista Carbone: «Voi tutti pensate di pagare le tasse. Soprattutto le imprese, quelle serie, quelle oneste, pensano di pagare le tasse. In realtà voi tutti non sapete che oltre alle tasse pagate una tassa occulta, e le imprese ne pagano una ancora più grave, che è quella alla burocrazia...». E subito Salvini su Facebook: «Ogni anno le aziende italiane perdono 60 giorni di lavoro solo per gli adempimenti burocratici, il 43 per cento in più della media Ocse. In questo intervento, che vi consiglio, il prof. Luigi Carbone, uno dei massimi esperti italiani di semplificazione amministrativa, ci spiega come abbattere questa zavorra e tornare a correre. *#andiamoagovernare*». Un consigliere di Stato che parla a una convention di partito da un pulpito con i simboli di partito non si era ancora visto. Per giunta in carica come presidente di sezione, perché in quel momento guida quella degli atti consultivi, e pochi mesi dopo andrà al timone della sesta giurisdizionale, competente sui ricorsi delle autorità indipendenti e dei beni culturali. Si dirà che nel suo caso, come in quello di Frattini, almeno non c'è nessuna ipocrisia. Quanti sono i consiglieri di Stato legati a un partito o a un suo leader che sono funzionali, ma sottotraccia, a un disegno politico? L'elenco, credete, non è affatto breve.

Il lodo Carbone

Resta solo il problema di come far sparire dal «fuori ruolo» quei quasi cinque anni maledetti. Però la soluzione a un certo punto si materializza limpida, come un'apparizione della Madonna. I commissari dell'Autorità per l'energia vengono nominati dal governo, ma la nomina dev'essere ratificata dalle commissioni parlamentari a maggioranza qualificata. E allora non è forse equiparabile a una carica elettiva, che la legge Severino esplicitamente esclude dal limite dei dieci anni di «fuori ruolo»? Forse quando quella legge parla di «cariche elettive» per cui non vale la tagliola si riferisce a chi viene davvero eletto da un corpo elettorale, e non a chi è nominato dal governo e poi confermato in Parlamento dagli eletti. Ma stiamo a guardare il capello? L'ardita interpretazione passa con il solo voto contrario del solito rompiscatole: Oberdan Forlenza. La sensazione è che l'organo di autogoverno avesse solo bisogno di trovare un contorsionismo per accettare un incarico che altrimenti non avrebbe mai potuto autorizzare. Senza rendersi conto di aver innescato una reazione a catena ormai difficilmente controllabile.

Nell'autunno del 2018 c'è da sostituire il presidente dell'Antitrust. Il mandato di Giovanni Pitruzzella, collocato al vertice del Garante della concorrenza nel 2011, è scaduto il 30 settembre di quell'anno senza che i politici siano stati in grado di trovare un sostituto. La nomina spetta d'intesa ai presidenti delle

Camere. Ma mettere d'accordo la presidente del Senato Maria Elisabetta Alberti Casellati, di Forza Italia, con il presidente della Camera grillino Roberto Fico sembra impresa disperata. Finché, verso dicembre, non viene fuori un nome: quello del magistrato ordinario Roberto Rustichelli. Anche lui, però, ha un problema analogo a quello di Carbone. I suoi dieci anni di «fuori ruolo» sono superati. Nel lungo curriculum del giudice Rustichelli c'è scritto che dal settembre 2001 al giugno 2013 è «magistrato consigliere giuridico in posizione di fuori ruolo presso la presidenza del Consiglio dei ministri – ufficio per l'attività normativa e amministrativa di semplificazione delle norme e delle procedure». Dal settembre 2001 al giugno 2013 sono undici anni e nove mesi circa. In quel lasso di tempo, per un breve periodo fa anche il vicecapo di gabinetto del ministro delle Attività produttive Claudio Scajola, rientrato al governo Berlusconi dopo quasi tre anni di purgatorio: all'inizio di luglio del 2002 aveva dovuto lasciare la poltrona di ministro dell'Interno dopo aver qualificato il giuslavorista Marco Biagi assassinato dalle Brigate rosse come «un rompicoglioni» parlando con un paio di giornalisti che avevano riportato la sua frase infelice. E siccome la legge Severino, approvata a novembre 2012, specifica con estrema chiarezza che il tetto dei dieci anni massimi di «fuori ruolo» vale anche per «gli incarichi in corso alla data di entrata in vigore della presente legge», e fra tali incarichi è esplicitamente compreso anche quello di consulente giuridico svolto da magistrati ordinari, Rustichelli ci rientra in pieno. Non potrebbe fare il presidente dell'Antitrust. A meno che anche in questo caso non si trovi il modo di aggirare la tagliola, e l'aiuto insperato arriva proprio dal Consiglio di Stato, dove l'organo di autogoverno qualche mese prima ha risolto con il contorsionismo di cui sopra la pratica Carbone. Il Consiglio superiore della magistratura segue l'esempio, affermando nella sostanza il principio che il prestare servizio al vertice di un'autorità indipendente si può assimilare a una carica elettiva. Anche se il presidente e gli altri due componenti dell'Antitrust non vengono «eletti» bensì «nominati», com'è scritto chiaramente nella legge che nel 1990 ha istituito l'Autorità garante della concorrenza e del mercato, «con determinazione adottata d'intesa dai Presidenti della Camera dei deputati e del Senato della Repubblica».

All'inizio dell'era delle autorità indipendenti le figure di vertice erano soprattutto professori universitari. Poi si cominciò con i professori ex politici: il primo, l'ex presidente del Consiglio ed ex vicesegretario del Partito socialista Giuliano Amato alla presidenza dell'Antitrust. Quindi sono arrivati gli ex politici come l'ex sindaco di Bologna Giorgio Guazzaloca, ancora all'Antitrust, e l'ex presidente della Regione Calabria Giuseppe Chiaravalloti al Garante della privacy. Anche se Chiaravalloti aveva un passato da giudice ordinario. Infine è stata la volta dei consiglieri di Stato e dei magistrati. Il debutto è toccato ad Antonio Catricalà, nominato presidente dell'Antitrust nel 2005 e subito seguito da Corrado Calabrò al vertice del Garante per le comunicazioni, fino ad arrivare a Carbone e Rustichelli. Ma forse il primo in assoluto è stato Franco Piga, con oltre vent'anni di anticipo rispetto a Catricalà. Presidente della Consob già nel 1984. L'acrobatica interpretazione del «fuori ruolo» capace di consentire alcune nomine diversamente impraticabili per legge, ha avuto anche l'effetto di sdoganare definitivamente la presenza di queste figure nelle autorità indipendenti. Fatto che può creare problemi anche seri, soprattutto nel caso dei consiglieri di Stato. Perché i ricorsi contro le decisioni delle autorità indipendenti si presentano proprio alla magistratura amministrativa, che così si può scoprire impegnata a recitare due parti nella stessa commedia. Al Consiglio di Stato c'è una sezione apposita, la sesta, che giudica quelle cause. E nel 2018 alla presidenza di quella sezione si è ritrovato Luigi Carbone, che fino all'inizio del 2016 era componente dell'Autorità per l'energia.

Volpe 1, o come salvare l'aspettativa

Per un sistema che origina il proprio enorme potere da meccanismi autoreferenziali tramutati in regole, il rischio di trovarsi in conflitto è quotidiano. Uno stimato magistrato del Tar si trasferisce nel 2013 ai Monopoli di Stato per dirigere il servizio degli affari legali. Si chiama Italo Volpe, ha 58 anni e ha una notevole esperienza di governo. Notevole e trasversale. Ha lavorato al ministero delle Finanze con Vincenzo Visco, come vicecapo dell'ufficio legislativo. Quindi alla Funzione pubblica nel secondo governo Amato. E ancora all'Economia con Giulio Tremonti e Domenico Siniscalco. Ma poi il ritorno con un governo di centrosinistra, come vicecapo di gabinetto alle Infrastrutture di Antonio Di Pietro. E di nuovo all'Economia con Tremonti, Mario Monti e Vittorio Grilli. Dall'Economia che vigila sui Monopoli, infine, agli stessi Monopoli di Stato. Si trova lì impegnato quando il governo di Matteo Renzi se n'esce il 24 giugno 2014 con un decreto sulla pubblica amministrazione che potrebbe rendere assai complicata la sua situazione. Il decreto modifica la legge Severino nella quale è previsto che per tutti gli incarichi in qualunque ente o istituzione pubblica i magistrati debbano andare «fuori ruolo». E lo modifica aggiungendo una frase: «È escluso il ricorso all'istituto dell'aspettativa». Scioccante. Perché la legge Severino, come si è visto, ha anche stabilito che i magistrati non possono rimanere «fuori ruolo» per più di dieci anni. Perciò l'aspettativa senza stipendio resta l'unico spiraglio per continuare a ricoprire certi incarichi. Magari anche più economicamente vantaggiosi rispetto alla paga da magistrato. Ma per chi ha già bruciato i suoi dieci anni di fuori ruolo, se si chiude pure quello spiraglio, la faccenda si fa davvero seria. Ed è lì, sull'orlo del baratro, che si apre il paracadute. Una norma di poche righe: «Sono fatti salvi i provvedimenti di collocamento in aspettativa già concessi alla data di entrata in vigore del presente decreto». Non si sa quante siano le aspettative autorizzate prima della data fatidica del 24 giugno. Ma una di queste, di sicuro, è quella che ha consentito a Italo Volpe di andare ai Monopoli di Stato. C'è chi azzarda perfino che sia l'unica. E di bocca in bocca la norma di cui si sta parlando diventa l'«articolo Volpe». Nemmeno l'autore si conosce. Però da qualche ufficio legislativo o da qualche gabinetto dev'essere pure uscito, e di sicuro c'è che, nonostante le iniziali manifestazioni di diffidenza verso la piccola casta dei magistrati amministrativi, anche il governo Renzi ne ha gli organici pieni.

Mentre il presunto unico beneficiario della norma può serenamente proseguire il proprio impegno come direttore degli affari normativi e legali dei Monopoli con la consueta dedizione agli interessi della pubblica amministrazione. Un mese dopo che il pericolo è stato scongiurato, a metà settembre 2014 eccolo a vergare un parere destinato all'ufficio legislativo delle Finanze diretto da Francesca Quadri, consigliere di Stato. Il parere riguarda il disegno di legge per il contrasto della dipendenza dal gioco d'azzardo che sta diventando una piaga sociale. E demolisce praticamente tutte le principali misure previste da quella legge, con l'unica preoccupazione che per lo Stato si potrebbero ridurre gli introiti in modo significativo. L'idea di sostituire le normali slot machine con apparecchi attivabili solo con la tessera sanitaria, argomenta Volpe, non sta in piedi perché soltanto il tempo necessario al ricambio provocherebbe un crollo degli incassi e di riflesso anche del gettito fiscale. Inoltre i concessionari che gestiscono quella forma di gioco d'azzardo dovrebbero sostenere investimenti enormi. Infine i nuovi apparecchi con tessera sanitaria potrebbero anche non essere attrattivi come quelli normali, con un altro calo degli introiti e la probabile migrazione di giocatori verso l'area del gioco illegale. Ma poi Volpe si avventura su un terreno minato. «Anche se per alcuni versi non di stretta e diretta competenza, e tuttavia comunque suscettibili di produrre effetti conseguenti negativi, sia consentito attirare l'attenzione sui divieti di fumo e di consumo di bevande alcoliche all'interno di sale e luoghi deputati ad attività di gioco» è la premessa. Ma già si capisce dove vuole arrivare: «La pratica del gioco da sempre, per taluno, convive con il soddisfacimento di altri desideri quali il fumo e l'assunzione di bevande non analcoliche». Ed «è difficile stabilire se e in quale misura tali condizionamenti possano indurre dissuasione dal gioco». Ma se fosse così e quei divieti fossero introdotti lo scenario potrebbe risultare più negativo. Nel senso che lo Stato ci rimetterebbe ancora più soldi. E non solo lo Stato. «Si consideri anche che già oggi i gestori di sale da gioco o luoghi dove è possibile praticare il gioco fumando e bevendo hanno sostenuto costi di investimento per attrezzare appropriatamente i loro esercizi. Ebbene, l'introduzione dei divieti in parole semplici inevitabilmente frustrerebbe gli investimenti fatti dagli imprenditori interessati, peggiorando le loro già non floride prospettive.» Geniale, l'uso di quella espressione: «bevande non analcoliche». Da dove l'avrà tirata fuori?

Volpe 2, o dell'ernia del disco

Come tutti i dipendenti statali, anche i magistrati hanno il diritto di fare ricorso contro i torti che ritengono di aver subito dalla pubblica amministrazione. Principio assolutamente condivisibile, ovvio. Ma che cosa può succedere quando un consigliere di Stato o un giudice del Tar ricorre contro il provvedimento di un ministero che l'ha penalizzato, una nomina pubblica sfumata, un presunto danno economico causato dall'amministrazione? La legge prevede che anche per loro l'interlocutore sia il Tar Lazio. Dunque un giudice del Tar fa ricorso al Tar. Come un consigliere di Stato, che poi sarebbe lo stesso perché lui è il giudice d'appello del Tar. Non proprio il massimo dell'eleganza, vero? I giudici dei Tar sono poco più di 300 e quelli del Consiglio di Stato circa 130. Un circolo ristretto nel quale si conoscono tutti e ognuno sa vita, morte e miracoli del collega che ha accanto o di fronte. E si dovrebbero giudicare fra di loro. Basta questo per comprendere quanto abbia ragione Severini a porre la questione dell'incostituzionalità di un sistema così profondamente autoreferenziale. Grave, anzi gravissimo, è che nessuno abbia pensato a metterci mano.

Ci sono giudici amministrativi che si sono rivolti ripetutamente al giudizio dei loro colleghi per vicende personali. Per esempio, un consigliere di Stato con lo stesso cognome del magistrato del quale si è appena parlato, ma con un nome diverso: Carmine Volpe.

Anche Carmine, al pari del quasi coetaneo Italo, ha un curriculum lungo come la quaresima e tempestato da incarichi governativi. Ha iniziato con il socialista Antonio Ruberti alla fine degli anni Ottanta. Per proseguire con il democristiano Giovanni Prandini, Francesco Merloni, Paolo Savona, il nazional alleato Maurizio Gasparri, i forzisti Claudio Scajola e Raffaele Fitto, Piero Gnudi. Sterminato anche l'elenco degli incarichi di vario genere. Presidente di varie commissioni di collaudo di opere pubbliche. Presidente dei comitati di sorveglianza di Sandretto industrie e Tributi Italia. Docente, componente di commissioni ministeriali nonché della commissione parlamentare di vigilanza sulla Cassa depositi e prestiti. *Dulcis in fundo*, la giustizia sportiva: membro dell'ufficio indagini della Federcalcio, della Corte di giustizia federale della Figc e del Collegio di garanzia dello sport del Coni.

La sua battaglia con la giustizia amministrativa si avvia nel 2006, quando è consigliere giuridico al Senato e sta per avere dal capo dello Stato Giorgio Napolitano la prestigiosa onorificenza di Grande Ufficiale al merito della Repubblica.

Volpe lamenta un'ernia del disco. Dice che gli è venuta in Sicilia, quando lavorava al Consiglio di giustizia amministrativa della Regione, una specie di sezione distaccata del Consiglio di Stato. Che soffra di un'«ernia discale L5-S1» lo certificano i medici nel febbraio 2001 e lui presenta regolare domanda perché gli venga riconosciuta come dipendente da causa di servizio con relativo indennizzo economico. La cosa si trascina fino al 2005, quando il comitato per la verifica delle cause di servizio conclude che il lavoro non c'entra niente. E la presidenza del Consiglio, nel febbraio 2006, respinge la domanda. Allora lui ricorre al Tar Lazio, che gli dà ragione accogliendo la sua lamentela circa il fatto che la motivazione con cui il comitato di verifica gli ha negato la causa di servizio sostenendo che la sua ernia non dipende dal lavoro ma dalla natura è «stringata, generica e insufficiente». La sentenza ricorda che c'è agli atti una nota del presidente del Consiglio di giustizia amministrativa della Regione siciliana Riccardo Virgilio, collega di Volpe, che conferma la tesi avendo «potuto rilevare che il cons. Volpe ha prestato il suo servizio trasportando, per ragioni di ufficio, i fascicoli che gli venivano inviati a Roma e che spesso assumevano notevoli dimensioni. D'altra parte, attesa la particolare struttura ed organizzazione di questo Consiglio, era inevitabile che gli stessi dovessero ogni volta essere trasportati tra Palermo e Roma e viceversa».

Esattamente ciò che Volpe ha denunciato nella sua istanza presentata il 19 aprile 2001, dove «ha puntualizzato», scrivono i giudici, «che l'infermità sarebbe stata causata in primo luogo dal trasporto di rilevanti pesi, dovuti ai fascicoli e ai bagagli, ai quali il richiedente si è sottoposto nei trasferimenti conseguenti al percorso Roma/Palermo/Roma, sostenuti per poter svolgere le proprie funzioni presso le sezioni giurisdizionale e consultiva del Consiglio di giustizia amministrativa» per la Regione siciliana. «Ne consegue» conclude la sentenza emanata dal Tar Lazio il 14 gennaio 2009 «la carenza di motivazione del parere reso dal comitato di verifica per le cause di servizio.» Amen.

Ma nemmeno un'ernia discale L5-S1 è riuscita a mettere in crisi la sua passione podistica. Qualche tempo dopo, nel 2011, il senatore dipietrista Elio Lannutti e il collega del Pd Adriano Musi presentano un'interrogazione parlamentare su un'impresa da autentico maratoneta: «Nel sito www.romaostia.it il signor Carmine Volpe risulta aver partecipato per il circolo magistrati della Corte dei conti alla mezza maratona Roma-Ostia, terminando l'intero percorso cittadino di 21 chilometri (sull'asfalto) e conseguendo un ottimo tempo finale (1 ora, 44 minuti e 3 secondi, pari a 4,44 minuti a chilometro), classificandosi al 3891° posto, pur essendo dilettante. Si chiede di sapere se risulti che sia il medesimo consigliere di Stato che ha proposto causa di servizio per ernia discale, determinata dall'aver sollevato i fascicoli processuali». Senza ottenere risposta.

La seconda causa è sempre del 2011, sempre al Tar Lazio. Stavolta ce l'ha, Volpe, con il ministero dell'Economia che non l'ha nominato presidente della commissione tributaria centrale. Il ricorso sarà successivamente dichiarato estinto.

La terza causa, tre anni dopo, è invece contro il ministero dell'Istruzione che l'ha bocciato al giudizio di idoneità a professore universitario di prima fascia in diritto amministrativo. Anche questa si discute al Tar Lazio, dove il ricorso viene senz'altro accolto con una sentenza nella quale si sottolinea «che il ricorrente risulta in possesso di titoli di assoluto rilievo (tra gli altri, presidente di sezione del Consiglio di Stato, con brillante curriculum professionale, quale vincitore dei concorsi per uditore giudiziario, avvocato dello Stato e consigliere di Stato e articolata attività didattica universitaria)». E a nove mesi esatti dalla sentenza, il 25 novembre 2015, Volpe è nominato presidente dello stesso Tar Lazio, che almeno in un paio di occasioni ha soddisfatto le sue rimostranze.

10

Porte girevoli

Tanto l'ammazzava lo stesso

«Ritiene la Corte che l'epilogo mortale della vicenda sarebbe rimasto immutato.» Parole come queste feriscono molto più delle conseguenze materiali di una cattiva sentenza. Pure quelle, in ogni caso, dolorose. È il 4 marzo 2019 quando la Corte d'appello di Messina dispone che Carmelo Calì restituisca alla presidenza del Consiglio dei ministri 259.200 euro «oltre interessi legali dal giorno del versamento a quello del soddisfo». Sono i soldi che i giudici di primo grado hanno riconosciuto come risarcimento a tre fratelli: i figli di Marianna Manduca, uccisa dal marito la sera del 3 ottobre 2007. Quando Saverio Nolfo, questo il nome dell'assassino, massacra a coltellate Marianna a Palagonia, in provincia di Catania, la legge che concede qualche briciola agli orfani dei femminicidi è ancora lontana. Ma dieci anni dopo il Tribunale di Messina decide che i tre figli della donna ammazzata hanno diritto comunque a un risarcimento, per quanto modesto. E deve pagarlo lo Stato. Perché se Marianna ha fatto quella fine, anche lo Stato ha una bella responsabilità: la negligenza della Procura della Repubblica di Caltagirone, cui Marianna Manduca ha presentato ben dodici denunce. Senza che questo abbia impedito al suo compagno di mettere in atto un omicidio premeditato, come i giudici avrebbero poi riconosciuto.

Nemmeno avere una somma così misera in rapporto al dramma nel quale sono precipitati quei ragazzi, però, è stato facile. Nel 2011 Carmelo Calì, il cugino di Marianna che con sua moglie li ha adottati, ha dovuto fare causa al governo perché i tre figli della donna uccisa tre anni e mezzo prima abbiano il risarcimento, affermando che il delitto è dipeso fra l'altro dall'inerzia dei magistrati. Ma il Tribunale di Messina gli dà torto accogliendo la tesi della presidenza del Consiglio. Come pure la Corte d'appello. Qual è la tesi? Siccome la legge sulla responsabilità civile dei giudici concede due anni di tempo dai fatti per fare causa, e i due anni dall'assassinio di Marianna sono trascorsi invano, la causa è inammissibile. La Cassazione invece accoglie il ricorso di Calì, sulla base di un principio logico. La causa nei confronti dei giudici, e quindi del governo, per «negligenza inescusabile» non poteva certamente avere inizio entro il termine dei due anni, per il semplice motivo che i tre ragazzi erano minorenni e il loro tutore ha assunto quel ruolo solo a tre anni dal fattaccio. Non esisteva quindi la possibilità materiale di fare causa entro la scadenza di legge, e dato che la Costituzione garantisce anche ai minori l'accesso alla giustizia, il termine non può che decorrere da quando quei minori hanno avuto «capacità di agire» attraverso il loro tutore. Quindi la causa si può fare. Non bastasse, bisogna pure ricominciare daccapo. Dal primo grado di giudizio. E stavolta il tribunale ammette la «negligenza inscusabile» dei magistrati, cui Marianna aveva denunciato per dodici volte il marito, e condanna la presidenza del Consiglio a pagare subito quei 259.200 euro. Somma che copre appena la richiesta di Calì per il danno patrimoniale subito dai tre figli perché oltre alla vita la mamma morta perde anche il lavoro. Non riconoscono invece, i giudici, un indennizzo morale. Ed è per questo che Calì ricorre in appello. Ricorre anche Palazzo Chigi. Il governo è quello di Paolo Gentiloni. Ma ricorre incredibilmente per il motivo opposto: vuole quei pochi soldi indietro.

Da quando Marianna è spirata sono passati quasi dodici anni. E dall'inizio del calvario giudiziario ben sei governi. Nessuno dei quali ha avuto il buonsenso di non infierire sul dolore di quella famiglia. Anzi. Grazie al ricorso della presidenza del Consiglio il 4 marzo 2019 la seconda sezione civile della Corte d'appello di Messina può emanare una sentenza che lascia sgomenti. Tanto è evidente il suo presupposto: anziché dare giustizia ai cittadini che la invocano, difendere la propria corporazione dall'onta di un'inaccettabile indolenza. Ma c'è di più. Questo episodio denuncia una falla clamorosa nel rapporto fra magistratura e politica, cui dal 1948 non si è mai voluto porre rimedio. E vedremo perché.

Tutta la terribile vicenda alla base di questa incredibile disputa legale ruota intorno a un coltello. Il coltello, secondo la ricostruzione del quotidiano «La Sicilia», che Saverio Nolfo avrebbe mostrato un giorno a Marianna. Minacciandola: «Con questo ti ucciderò». Dopo l'ennesima denuncia i magistrati dovrebbero fare qualcosa. Quantomeno sequestrarlo, quel coltello. Invece non si decide nessuna perquisizione per trovarlo, e il coltello resta in tasca all'assassino. Ma qui la Corte d'appello assolve chi ha deciso di non decidere, con la motivazione che all'epoca «il quadro normativo non consentiva l'applicazione di misura cautelare in relazione ai reati individuabili nei fatti oggetto delle denunce», e nemmeno «prevedeva il reato di stalking». Anche se, ammette la sentenza, «le pregresse condotte del Nolfo lasciavano presagire», come ha già detto il tribunale di primo grado, «un intento, se non omicida, quantomeno di violenza ai danni della moglie».

Traduzione: i magistrati sapevano che Saverio avrebbe fatto del male a Marianna, ma avevano le mani legate. E comunque, anche a voler accettare l'idea di una sia pur «contenuta» (!!!) inerzia, manca «la prova di un nesso di causalità» fra quella supposta inerzia dei magistrati «e il fatto omicidiario» (?!). E perché non c'è questa prova? Perché «la sussistenza della relazione eziologica non può che essere ipoteticamente dedotta alla stregua di un criterio di prevedibilità oggettiva (desumibile da regole statistiche o leggi scientifiche), verificando se il comportamento omesso poteva o meno ritenersi idoneo – in quanto causalmente efficiente – a impedire l'evento dannoso, con la conseguenza che deve escludersi dalla serie causale l'omissione di quella condotta che non sarebbe riuscita in alcun modo a evitare l'evento».

Una supercazzola incomprensibile che fa da premessa a una conclusione sbalorditiva: «Sulla scorta di tali principi, nella specie, all'esito di quel giudizio controfattuale, che pone al posto dell'omissione il comportamento dovuto, ritiene la Corte che l'epilogo mortale della vicenda sarebbe rimasto immutato». *Ritiene la Corte che l'epilogo mortale della vicenda sarebbe rimasto immutato.*

Anche perché, rincara la dose chi ha scritto materialmente la sentenza, il coltello con cui Saverio ha ammazzato Marianna è a serramanico e non a scatto come quello con cui ha minacciato la moglie. E «anche ammessa la coincidenza dei coltelli, la perquisizione e l'eventuale sequestro non avrebbero impedito la morte della giovane mamma». Dato che «il Nolfo avrebbe potuto facilmente procurarsi un'altra arma avente caratteristiche similari a quella utilizzata per uccidere, semplicemente acquistandola», trattandosi di «oggetto di libera vendita, non essendo necessaria la licenza di cui all'art. 695 c.p.».

E «alla stregua delle argomentazioni che precedono, dovendosi» appunto «ritenere mancante la prova del nesso causale tra l'omissione addebitabile alla Procura della Repubblica di Caltagirone e l'omicidio di Manduca Marianna, va accolto l'appello della presidenza del Consiglio». Firmato: Marisa Salvo e Sebastiano Neri.

Giudice, politico, di nuovo giudice

La prima è giudice «estensore», cioè colei che ha materialmente scritto quella sentenza sconcertante. Il secondo è il presidente della sezione civile di Corte d'appello che l'ha emanata. Ma nella sua vita Sebastiano Neri da Lentini, classe 1954, non ha fatto sempre il giudice.

A quarant'anni si candida alla Camera con Alleanza nazionale nel collegio di Paternò, una città di 45mila abitanti nella provincia di Catania. E a Catania, in quel momento, Neri è sostituto procuratore della Repubblica. Nel 1996 viene rieletto, sempre con An. Cinque anni dopo, terminato il secondo mandato parlamentare, si presenta invece alle elezioni regionali in Sicilia nel listino del futuro presidente Totò Cuffaro. Trombato, non gli resta che tornare a fare il magistrato. In una posizione, però, non troppo distante dalla politica. Finisce così al ministero della Giustizia con il ministro leghista Roberto Castelli: vicecapo dipartimento per gli Affari di giustizia. Un po' avvilente, dopo tutti quegli anni sotto i riflettori. Ma il destino continua a essere generoso. Nel 2003 un consigliere regionale siciliano, tale Antonino Croce, passa a miglior vita e libera un seggio a Palazzo dei Normanni. Neri prontamente lo occupa. Non senza rinunciare alla sfida con il centrosinistra nella sua città, e a giugno del 2004 eccolo addirittura sindaco di Lentini. Carica che somma a quella di consigliere regionale. All'inizio del 2006 ci sono all'orizzonte le elezioni politiche nazionali e Neri ci riprova, questa volta con il Movimento per l'autonomia di Raffaele Lombardo, federato con la Lega Nord di Umberto Bossi. Trombato una seconda volta, tenta di riprendersi la poltrona di sindaco di Lentini che ha dovuto lasciare: non va tuttavia oltre il ballottaggio. E qui ancora una volta il destino gli dà una mano. Un deputato del suo partito, Nicola Leanza, è stato eletto simultaneamente anche al consiglio regionale siciliano e opta per quello: lasciando così a Neri un insperato strapuntino a Montecitorio. Per una legislatura che sarà brevissima. Quasi la più corta del Dopoguerra. Ostinato, si ricandida ma è ancora trombato. A quel punto decide che forse è arrivato il momento di rientrare in magistratura e fa rotta verso Roma. Lì c'è per lui un posto da consigliere della Corte d'appello. Che però evidentemente non fa per l'irrequieto Neri. Sedotto da Gianfranco Miccichè, l'ex manager di Publitalia che ha temporaneamente abbandonato Forza Italia per fondare Forza del Sud, si lancia di nuovo alla conquista di Lentini. Sconfitto per la seconda volta al ballottaggio, getta definitivamente la spugna. Meglio la magistratura, anche perché nonostante tutti gli anni trascorsi in politica la carriera non si è fermata. E nel giugno 2016 può coronarla con il prestigioso incarico di presidente di sezione civile della Corte d'appello. A

Messina, in Sicilia: dove è stato eletto in Parlamento, è stato sindaco e consigliere regionale e si è svolta di fatto anche tutta la sua carriera politica. Neri è uscito dal Parlamento con un vitalizio, secondo la lista pubblicata nel 2013 da Primo Di Nicola sull'«Espresso», pari a 3800 euro netti al mese.

Capita pure nei migliori Tar

Una storia pazzesca. Ma che cosa c'entra con ciò di cui stiamo parlando? Che cosa c'entra con il Consiglio di Stato un delitto efferato e una sentenza incredibile che assolve l'indolenza di alcuni pubblici ministeri, emanata da un giudice che ha fatto per tanti anni politica? C'entra eccome. Perché la Costituzione non distingue fra magistrati della giustizia ordinaria e magistrati amministrativi. Le regole dei rapporti fra giudici e politica sono uguali per tutti. O meglio le «non» regole. Perché nella sostanza non ce ne sono. Come un magistrato ordinario può rientrare al lavoro, con l'unica limitazione di non poter esercitare nel luogo fisico dov'è stato eletto, così un consigliere di Stato che scelga la strada del Parlamento può tornare come si è visto a giudicare le cause contro la pubblica amministrazione. In più, siccome le sezioni del Consiglio di Stato non sono divise per ambiti territoriali, ma per materie, non ha alcuna difficoltà a rientrare esattamente al posto occupato prima di candidarsi. Per giunta continuando a fare carriera mentre siede in Parlamento o in un governo. Per i giudici dei Tribunali amministrativi regionali, che invece hanno una previsa connotazione territoriale, il solo impedimento al rientro è ovviamente, come accade per i magistrati ordinari, quello di tornare ad amministrare la giustizia nel luogo di elezione.

Con l'aggravante che nel caso dei consiglieri di Stato la mancanza di regole rischia di provocare danni ancora più gravi rispetto a quelli della magistratura ordinaria. Sono il corpo della magistratura più vicino al potere politico per le ragioni che abbiamo già spiegato. E al tempo stesso gli capita, per il ruolo specifico che rivestono nella giustizia, di impersonare gli arbitri dei contrasti politici.

Un esempio per tutti. Goffredo Zaccardi, classe 1943, è un magistrato di lungo corso che ha frequentato per diversi anni i ministeri. Presidente di sezione del Consiglio di Stato, durante il quinquennio dei governi di centrosinistra Prodi, D'Alema e Amato guida il gabinetto dell'Ambiente di Edo Ronchi. In seguito quello del futuro segretario del Partito democratico, Pier Luigi Bersani, allo Sviluppo economico nel secondo governo Prodi. Finché un giorno del 2012, in veste non di capo di gabinetto di un ministro di centrosinistra, ma di presidente del Tar Molise, annulla le elezioni regionali dell'anno precedente vinte dal candidato del centrodestra Michele Iorio, accogliendo il ricorso del Partito democratico che denuncia irregolarità nelle liste della fazione avversaria. Il Consiglio di Stato confermerà la sentenza e le elezioni verranno ripetute, questa volta con la vittoria del centrosinistra. Trascorsi pochi mesi da quella sentenza, Zaccardi torna a ricoprire un incarico con un ministro del Partito democratico: capo di gabinetto di nuovo allo Sviluppo economico, ma non più con Bersani. Al suo posto c'è Flavio Zanonato. Ex sindaco di Padova, Zanonato sarà eletto al Parlamento europeo con il Pd ma all'inizio del 2017 passerà con Articolo Uno, la formazione politica fondata da Bersani in seguito alla scissione dei bersaniani dal Pd allora nelle mani di Matteo Renzi. Mentre Zaccardi, in pensione dal 2015, avrà ancora occasione di misurarsi con attività di supporto governativo. Nel settembre 2019, alla rispettabile età di 76 anni, torna a fare il capo di gabinetto di un ministero. Quello della Salute che sta per affrontare il dramma della pandemia. Ministro è Roberto Speranza, segretario di Articolo Uno.

Sia chiaro, niente in confronto a situazioni tipo quella in cui si è trovato il 27 ottobre 2014 il giudice della Corte d'appello di Roma Giannicola Sinisi. Democristiano in origine, per le tre legislature dal 1996 al 2008 è deputato del centrosinistra. Lasciata la Camera, torna alla giustizia e quel giorno il destino gli assegna il compito di affrontare in un'aula giudiziaria e con il coltello dalla parte del manico un oppositore politico del partito nel quale ha militato. Ovvero, il giornalista e senatore di Forza Italia Augusto Minzolini, accusato di peculato per l'uso della carta di credito della Rai quando dirigeva il Tg1, già assolto in primo grado. La Corte d'appello di cui Sinisi fa parte lo condanna invece a due anni e mezzo. Una pena che in base alla legge impone a Minzolini di abbandonare il seggio a Palazzo Madama.

Ma anche se le due vicende non hanno nulla di paragonabile, c'è comunque da domandarsi se nelle vesti di presidente del Tar Molise Zaccardi non abbia avvertito una punta d'imbarazzo nel far decadere dall'incarico con una propria sentenza un esponente politico della parte avversa ai governi e ai ministri dei quali era stato strettissimo collaboratore.

Come fallisce la legge Casson

Il rapporto fra giustizia e politica è il nodo centrale di ogni sistema democratico. Senza definirne i confini, eliminando le zone grigie in cui quel rapporto degenera, la democrazia non è compiuta. E in Italia quelle zone grigie sono ancora troppe, e troppo estese.

Intervistato da Francesco Grignetti della «Stampa» un bel po' di tempo dopo, il 29 marzo 2017, l'ex suo collega Felice Casson non gliele manda a dire: «Secondo me Sinisi ha fatto malissimo a non astenersi».

Per Casson al magistrato che sceglie di entrare in politica andrebbe vietato di tornare indietro. Ne è così convinto che quando ha deciso di candidarsi con il Partito democratico si è dimesso dalla magistratura. La ragione è chiarissima: il magistrato politico perde «la necessaria terzietà». Non perché un magistrato non possa avere idee o passioni politiche, ma perché essendo pubblicamente schierato ha compromesso l'immagine di imparzialità: elemento fondamentale per la credibilità di un giudice. Fedele al principio, nel 2013 Casson presenta un disegno di legge per imporre regole rigide alle candidature e limitare drasticamente il rientro dei magistrati politici in servizio. La proposta viene sorprendentemente approvata in tempi rapidi al Senato, ma poi si arena nelle sabbie mobili della Camera. Da cui esce un bel po' ridimensionata, ma soprattutto quando ormai non c'è più tempo per il necessario nuovo esame del Senato. Il disegno di legge Casson svanisce così, grazie alla famosa navetta Camera-Senato-Camera del nostro ormai anacronistico bicameralismo perfetto, che ha fatto sfumare chissà quante importanti riforme.

La cosa ha però uno strascico extraparlamentare. Piercamillo Davigo è infuriato con il Consiglio superiore della magistratura, di cui di lì a poco entrerà a far parte, per la nomina in Cassazione di Donatella Ferranti, già pubblico ministero a Viterbo. Ex parlamentare del Partito democratico, è stata presidente della commissione Giustizia della Camera dove la legge Casson è rimasta parcheggiata nel tira e molla di emendamenti, letture e riletture. Già sicura di dover lasciare Montecitorio dopo due legislature, Donatella Ferranti presenta al Csm ancor prima di terminare il mandato domanda di rientrare. Ma come consigliere di Cassazione. Per un singolare meccanismo corporativo chi come lei ha ricoperto l'incarico di segretario generale del Csm avrebbe acquisito la qualifica di «magistrato di Cassazione». E quindi l'idoneità a essere promossa consigliera della suprema Corte. Bel salto, rispetto a una procura di provincia. Ma nessuno, tranne Davigo, ha il coraggio di obiettare.

L'imbarazzo generale tuttavia è palpabile. Perfino nel correntone di sinistra, Area, cui aderiscono Magistratura democratica e Movimento per la giustizia, che chiede regole più stringenti per il rientro dei magistrati dopo il transito in politica. Ci sono stati troppi casi che hanno fatto discutere, a torto o a ragione. Anche grazie a un meccanismo assurdo che consente ai giudici entrati in politica di continuare a far carriera pur rimanendo fuori ruolo e in aspettativa. Questo alla faccia di un divieto espressamente previsto da un provvedimento del 1957 che vieta ai dipendenti pubblici eletti in Parlamento promozioni e avanzamenti di carriera. E poi non c'è forse un articolo della Costituzione dov'è scritto sulla pietra lo stesso principio? Sicuro. Però c'è anche l'autonomia dei giudici, garantita dalla Costituzione. E gli organi di autogoverno delle magistrature, a cominciare da quello del Consiglio di Stato, riescono sempre a destreggiarsi con abilità, consentendo progressioni di carriera perfino ai parlamentari in carica.

Far carriera senza lavorare

Per non parlare di un efficace grimaldello costituito da una norma introdotta nel 2007 dal secondo governo Prodi per iniziativa dell'allora ministro della

Giustizia Clemente Mastella. Due righe infilate in un decreto legislativo partorito dal suo predecessore leghista Roberto Castelli, del terzo governo Berlusconi, nell'aprile 2006, giusto qualche settimana prima di lasciare il ministero. Due righe assolutamente sensate, sulla carta, perché stabiliscono che i magistrati devono essere sottoposti ogni quattro anni a una verifica di professionalità. Il problema è che la cosa riguarda «tutti» i magistrati. Dunque anche quelli fuori ruolo o in aspettativa perché sono in Parlamento o ricoprono altre cariche elettive, tipo sindaco o presidente di Regione. E siccome il superamento della verifica è il presupposto per fare carriera, pure i magistrati eletti possono continuare negli avanzamenti esattamente come i loro colleghi in servizio. Lo stesso Csm chiede, dal maggio 2014, di cambiare una regola folle che di fatto consente al magistrato eletto di valutare sé stesso. Si dice esattamente questo, in una disarmante nota inviata al Senato: «Per il magistrato in aspettativa a seguito di elezione al Parlamento o in enti territoriali, il Consiglio ha sempre dovuto procedere alla valutazione professionale riferendola all'attività compiuta nella sede diversa da quella giudiziaria in cui ha operato, sulla base delle risultanze offerte dall'autorelazione dell'interessato e delle informazioni fornite dagli Organi rappresentativi dell'ente – presidenza del ramo del Parlamento. È doveroso segnalare la scarsa compatibilità della valutazione professionale, rigorosamente disciplinata, per procedura, parametri e criteri di giudizio, selezione degli elementi rilevanti e delle fonti di conoscenza, con l'attività condotta dagli stessi presso organi di rappresentanza o di governo politico e amministrativo, profondamente eterogenea per contesto, finalità e modalità in quanto espressione di un indirizzo politico non imparziale». Che in un Paese civile quale dovrebbe essere la Repubblica italiana un magistrato di qualunque organo e grado, dalla giustizia ordinaria a quella amministrativa, possa fare carriera sulla base dell'attività svolta in un organo politico, o magari al governo, è un'assurdità.

Il paracadute dei ministeri

E se questa rappresenta un'anomalia enorme in un settore del pubblico impiego così sensibile, non è certamente l'unica. Un magistrato che rimane fuori dal sistema giudiziario per decenni, può rientrare come se nulla fosse? Per i consiglieri di Stato non c'è alcun problema. Per gli altri magistrati, invece, è decisamente più complicato. Ma c'è sempre il ministero.

Alle elezioni politiche del 2018 Anna Finocchiaro non si ricandida. Aveva già passato otto legislature in Parlamento, trentun anni. Abbastanza per chiunque. Anche per un curriculum pari al suo: esponente di punta del Partito democratico, prima donna magistrato a entrare in Parlamento con il Partito comunista quando ancora era in piedi il Muro di Berlino. E poi due volte ministro, presidente di commissione, candidata alla presidenza della Regione siciliana, è passata attraverso tutte le metamorfosi della sinistra, dal Pci, al Pds, ai Ds, infine al Partito democratico. Il 18 aprile 2018 sono ormai trascorsi quarantacinque giorni dalle elezioni stravinte dal Movimento 5 Stelle, ma il ministero della Giustizia è ancora nelle mani del Pd. Ministro è il futuro vicesegretario Andrea Orlando, che quel giorno chiede al Csm di poter assegnare Anna Finocchiaro al dipartimento Affari di giustizia del ministero. La richiesta va in porto, però a giugno entra in carica il governo del Movimento 5 Stelle con la Lega di Matteo Salvini e le cose si complicano. Orlando deve sloggiare da via Arenula per lasciare il posto ad Alfonso Bonafede, che proprio non sopporta Anna Finocchiaro. Fra i due non corre buon sangue, e il nuovo ministro non la vuole fra i piedi. Forse Anna Finocchiaro potrebbe avere dal Csm un altro incarico, ma onestamente riconosce che dopo trentun anni in Parlamento non se la sente di rimettere una toga che ha indossato per soli cinque anni, dal 1982 al 1987. «I giudici che fanno politica non hanno la terzietà per rientrare nel loro ruolo» dice al «Corriere della Sera». Sacrosanto. E sceglie la strada della pensione.

Va meglio a Doris Lo Moro. Giudice al Tribunale di Lamezia Terme, e subito dopo per otto anni sindaco di quella città calabrese, poi giudice al Tribunale di Roma. Quindi per altri tre anni consigliere regionale della Calabria, di cui uno da assessore nella giunta di Agazio Loiero, e per altri dieci parlamentare: cinque alla Camera e cinque in Senato. Finché nel 2018, dopo aver lasciato il Pd per abbracciare la causa di

Liberi e Uguali con poche speranze di restare in Parlamento, annuncia: «Il mio tempo è scaduto, torno al lavoro di magistrato». Ma senza la toga. Orlando la porta al ministero della Giustizia insieme ad Anna Finocchiaro e Bonafede se la tiene. A differenza della sua ex collega di partito.

Il divieto di facciata

Il nostro sistema giudiziario, il cui pilastro dovrebbe essere l'indipendenza della magistratura dai poteri esecutivo e legislativo, in realtà gronda ipocrisia. Un magistrato può essere benissimo eletto nell'ambito territoriale dove amministra la giustizia, anche se non può tornare in servizio dov'è stato eletto. L'ex pm di Milano Stefano Dambruoso, eletto nel 2013 in Lombardia con Scelta Civica di Mario Monti e per cinque anni questore della Camera, è rientrato in magistratura alla Procura di Bologna. C'è però qualche eccezione. Sul «Corriere della Sera» Milena Gabanelli e Dino Martirano fanno il caso del procuratore aggiunto di Napoli Giovanni Melillo, collocato fuori ruolo nel 2014 per l'incarico di capo di gabinetto del ministero della Giustizia, rientrato nel 2017 a Napoli come procuratore capo. «È stato possibile» spiegano Gabanelli e Martirano «perché non era stato eletto tra le file di un partito, anche se si tratta di un incarico fiduciario e deve pertanto seguire una linea politica precisa.» Altra ipocrisia è quella che i due del «Corriere» segnalano a ridosso del caso Melillo: il magistrato che si candida in Parlamento deve andare in aspettativa; quello che invece fa il sindaco o l'assessore può continuare a indossare serenamente la toga.

Come la faccenda della tessera di partito. Può un magistrato averne una in tasca senza compromettere la propria indipendenza? Bella domanda, cui ha dato una risposta, ancora una volta appena qualche settimana prima di lasciare il campo al centrosinistra, il terzo governo Berlusconi. Il 23 febbraio 2006 il ministro della Giustizia Castelli firma un decreto legislativo in attuazione di una legge delega approvata dalla maggioranza di centrodestra nell'estate precedente. Quel decreto, che di fatto è una riforma dell'ordinamento giudiziario, introduce una grossa novità. E cioè che fra gli illeciti disciplinari contestabili a un magistrato da parte del Csm c'è anche «l'iscrizione o la partecipazione a partiti politici». Vogliono fregare le toghe rosse, c'è chi potrebbe pensare. Meglio tardi che mai, direbbe qualcun altro. Da quarant'anni si cerca di fare una legge per vietare ai magistrati di prendere la tessera di partito, e ogni tentativo è regolarmente naufragato.

Ma dopo anni di un governo controllato da un partito il cui capo si trova in una perenne bufera giudiziaria e accusa i magistrati di fare un uso politico della giustizia, è il minimo che possa accadere. Se non fosse che solo qualche mese più tardi una legge fatta dal centrosinistra di ritorno con il ministro Mastella conferma la tagliola modificandola leggermente, nel senso che aggiunge due paroline al decreto. Considerando illecito disciplinare «l'iscrizione o la partecipazione a partiti politici», purché «sistematica e continuativa».

Basta attendere qualche annetto e fatalmente scoppia il primo caso. Ma non è una toga rossa. Tutt'altro. Si tratta di Luigi Bobbio, in quell'ottobre 2008 capo di gabinetto della ministra della Gioventù Giorgia Meloni. È un magistrato ex senatore di Alleanza nazionale che ha attivamente collaborato alla riforma Castelli. Durante la discussione in Parlamento della legge delega presenta un emendamento sui limiti di età dei magistrati che ha il solo scopo di sbarrare la strada verso la Procura nazionale antimafia a Gian Carlo Caselli. Evidentemente l'ex procuratore di Palermo si porta dietro una colpa: con la sua inchiesta ha innescato il processo per mafia a Giulio Andreotti. Bobbio non ha difficoltà a dichiarare pubblicamente il suo obiettivo in un'intervista a «L'Opinione»: «Certo che il mio emendamento serve a escludere questa ipotesi, lui non merita quell'incarico» dice. Anni dopo la Consulta giudicherà incostituzionale la norma, ma intanto il bersaglio è colpito. Caselli è fuori gioco.

Il bello è che proprio Bobbio adesso si trova a dover rispondere davanti al Csm all'accusa di aver violato la riforma Castelli. E nella parte che vieta ai magistrati «la partecipazione sistematica e continuativa ai partiti politici». Nei suoi confronti la Procura generale della Cassazione ha avviato un procedimento disciplinare sulla base del fatto che Bobbio, scaduto il mandato parlamentare, ricopre la carica di segretario provinciale di Napoli di An. Il Csm però non se la sente di bacchettarlo senza una pronuncia della Consulta, dove solleva la questione di legittimità della norma che dal 2006 impedisce ai giudici l'iscrizione ai partiti. E la Consulta sentenzia che il divieto non è affatto incostituzionale, e vale anche per i magistrati fuori ruolo, come Bobbio. Il quale viene sanzionato dal Csm con l'ammonimento.

Il delicatissimo problema del rapporto fra magistrati e partiti è stato già sollevato nel 1947 durante i lavori dell'Assemblea costituente. La commissione incaricata di stendere quello che diventerà l'articolo 101 propone infatti il testo seguente: «La funzione giurisdizionale, espressione della sovranità della Repubblica, è esercitata in nome del popolo. I magistrati dipendono soltanto dalla legge, che interpretano e applicano secondo coscienza. I magistrati non possono essere iscritti a partiti politici o ad associazioni segrete». Ma quando si arriva all'approvazione finale, il 20 dicembre 1947, l'ultima frase è sparita. E il testo diventa: «La giustizia è amministrata in nome del popolo. I giudici sono soggetti soltanto alla legge». Il divieto di iscriversi ai partiti è stato considerato da molti costituenti una limitazione eccessiva ai diritti di coloro che dovrebbero comunque essere cittadini come tutti gli altri. Ma siccome i sostenitori dell'indipendenza assoluta della magistratura dalla politica non demordono, il divieto rimane nella Costituzione come facoltà concessa al legislatore. In un articolo precedente che riguarda i dipendenti pubblici, il numero 98. Dove c'è scritto: «Si possono con legge stabilire limitazioni al diritto d'iscriversi ai partiti politici per i magistrati, i militari di carriera in servizio attivo, i funzionari e agenti di polizia, i rappresentanti diplomatici e consolari all'estero». Dunque il divieto non contrasta con la Costituzione. Ovvio.

La disputa sarebbe finita lì, con il caso Bobbio. Invece no. Passa una decina d'anni e stavolta a finire nel mirino della Cassazione è il presidente della Regione Puglia Michele Emiliano, leader della corrente Fronte democratico del Pd. Il procuratore della suprema Corte gli contesta di essere stato a più riprese segretario e presidente del Partito democratico in Puglia nonché di essersi candidato alla segreteria nazionale del Pd. Emiliano ha in tasca la tessera del partito e secondo alcuni il precedente di Bobbio parlerebbe chiaro. Ma anche qui il Csm preferisce tirare in ballo per la seconda volta la Consulta sullo stesso problema. E la risposta è sempre la stessa: la legge che vieta l'iscrizione dei magistrati ai partiti non è incostituzionale. Emiliano mastica amaro, ma deve rinunciare a rinnovare l'iscrizione al Pd. Nonostante ciò «continuerò a frequentare il mio circolo e ogni istanza di partito alla quale riterrò di intervenire», annuncia. Perché «il mio ruolo di capo politico della coalizione di centrosinistra della Regione Puglia è per me coessenziale alla mia militanza nel Pd al quale sarò sempre legato».

Qual è il confine?

Evviva la sincerità. Vietare per legge l'iscrizione ai partiti non è mai stata la soluzione al problema dell'indipendenza dei magistrati dalla politica.

Prendiamo il Consiglio di Stato, dove quel divieto non è stato mai contestato a nessuno. La vicinanza o addirittura la fedeltà di questo o quel magistrato a un determinato partito o a un personaggio politico non si valuta certo dalla tessera che potrebbe avere in tasca. Gli incarichi fiduciari che presuppongono «una linea politica precisa», per usare lo stesso termine utilizzato da Gabanelli e Martirano per il caso del capo di gabinetto del ministro del Pd Andrea Orlando, per i consiglieri di Stato sono il pane quotidiano. Ed è semplicemente ovvio che un ministro non metterà mai alla guida del proprio ministero un magistrato con il quale non esista anche un minimo di sintonia politica. Così come un consigliere di Stato non disposto a condividerne l'impostazione politica difficilmente assumerà un incarico di responsabilità al fianco di un ministro. Per quanto inconfessabile, la verità è che l'indipendenza dalla politica, nella stragrande maggioranza di questi casi, non esiste affatto. Qualunque magistrato metta il naso in un ministero con un incarico fiduciario è inevitabilmente coinvolto in politica. Con la differenza, rispetto ai politici, che non è stato eletto e quindi non deve rendere conto a nessuno delle proprie scelte politiche. Ci sono stati (e ci sono ancora) consiglieri di Stato che hanno governato più a lungo dei ministri e, seguendo la rotta politica tracciata dai loro incarichi ministeriali, hanno ottenuto dai partiti o dai loro leader posti pubblici di assoluto prestigio.

Da tutto questo l'imparzialità della giustizia è messa a dura prova. E si arriva alla conclusione che per ripristinarla non esiste altra strada: vietare ai magistrati di assumere incarichi fiduciari di quel tipo nei ministeri. In alternativa, chi assume incarichi fiduciari deve sapere che non può fare il giudice. Diranno gli esperti che pressoché in tutti i Paesi nei quali esiste un Consiglio di Stato, a cominciare dalla Francia, i consiglieri hanno anche il ruolo di giudici amministrativi. Ma in Italia questo principio, sopravvissuto dall'epoca in cui la magistratura era sotto il controllo governativo, ha creato una pericolosa commistione fra giustizia e politica.

La verità che nessuno ha il coraggio di dire, è che in questo Paese non si è mai voluto risolvere davvero il problema di quella commistione. Prova ne sia il fatto che mai il Parlamento ha fatto una legge seria che stabilisca il confine. Né risulta che la magistratura più esposta al rischio, cioè il Consiglio di Stato, abbia mai adottato una qualche regola interna che da quel rischio metta al riparo i suoi componenti. Il succo è che fino a quando non si arriverà a questo, dovremo accontentarci di somministrare placebo a chi giustamente rivendica l'indipendenza della magistratura.

E che cosa è, se non un placebo, la minaccia di un'azione disciplinare per i magistrati che si iscrivono a un partito?

Diversamente, da quando quella minaccia è stata ventilata il flusso di magistrati candidati in Parlamento o ad altre cariche elettive si sarebbe ridimensionato. Cosa che non è avvenuta. A fronte dei diciannove magistrati parlamentari nella legislatura terminata nel fatidico 2006, ne sono arrivati quindici in quella successiva e diciotto in quella ancora seguente. E si sono verificati casi davvero sorprendenti.

Il 29 dicembre 2012, per nulla intimorito dai precedenti, il magistrato siciliano Antonio Ingroia, autore dell'inchiesta sulla trattativa fra lo Stato e la mafia, fonda addirittura una lista elettorale. Con il suo nome in bella mostra sul simbolo di Rivoluzione civile, si candida in Parlamento e alla presidenza del Consiglio, sostenuto da un ex magistrato eletto nel 2009 eurodeputato con l'Italia dei Valori: Luigi de Magistris, che due anni più tardi sarà sindaco di Napoli. Alle elezioni del febbraio 2013 Ingroia non supera neppure la soglia di sbarramento e torna in magistratura. Il Csm lo spedisce alla Procura di Aosta ma lui non gradisce. Lo considera «un provvedimento obiettivamente punitivo» che non valorizza la sua professionalità. E fa ricorso al Tar. Il Csm replica sostenendo di essersi limitato ad applicare la legge: «L'assegnazione alla sede di Aosta era obbligata, trattandosi dell'unico circondario in cui il magistrato non si era candidato alle elezioni». La trasferta valligiana sarà tuttavia solo apparente. Un mese dopo aver preso formalmente servizio, il procuratore capo Marilinda Mineccia lo segnala per illecito disciplinare. La ragione? Ingroia continua a fare politica attiva. Il 1° giugno 2013 ha presentato a Palermo il suo nuovo movimento politico, Azione civile. Ripetendo: «Ad Aosta non andrò». Il 19 giugno 2013 lascia la magistratura.

Quella di un magistrato in servizio che fonda un movimento politico è certamente una situazione limite. Ma come abbiamo visto, non mancano affatto casi di magistrati in aspettativa che oltre a ricoprire importanti cariche elettive e di governo rivestono ruoli cruciali nella gestione del partito. Nessuna sorpresa. In Italia i filtri fra i diversi poteri sono imperfetti e, prima di essere osservate, le leggi vengono sempre interpretate. La separazione fra politica e magistratura, di fatto, non c'è mai stata. Questo, almeno, dicono i numeri. Nelle undici legislature di quella che è stata archiviata come prima Repubblica, durante la quale ha costantemente governato la Democrazia cristiana con i suoi alleati mentre era inibita la partecipazione all'esecutivo dei comunisti, i magistrati hanno occupato complessivamente 125 seggi fra Camera e Senato. Ben 72 per la Dc e 21 per gli altri partiti di governo (Pli, Pri, Psi e Psdi): per un totale di 93. Il triplo dei 31 magistrati eletti nelle liste comuniste, in gran parte come indipendenti. Completa la lista un giudice del partito monarchico: Arturo Marzano.

Nelle sette legislature seguenti della cosiddetta seconda Repubblica, quando la caduta del Muro di Berlino e l'eclissi, per via giudiziaria, dei vecchi partiti di maggioranza hanno favorito l'alternanza fra destra e sinistra con nuove regole elettorali, i seggi occupati da magistrati sono stati sempre 125. In proporzione al tempo trascorso, ancor più numerosi della Repubblica precedente. La prevalenza, stavolta, è del centrosinistra rispetto al centrodestra: 74 a 47 (i rimanenti quattro seggi sono quelli assegnati in quattro legislature al senatore a vita Oscar Luigi Scalfaro, ex capo dello Stato). Con un rapporto percentuale di 60 a 40. Più o meno il tempo dei governi di centrosinistra rispetto a quelli del centrodestra, a partire dal 1994. Quando tutto è cambiato.

11

Arrotondare, arrotondare, arrotondare!

Il denaro fa la felicità

Giravano tanti di quei soldi che era difficile contarli. Miliardi di lire, quando i miliardi erano miliardi. Poi milioni di euro. Più salivano di grado, più aumentava l'anzianità, più diventavano potenti, più lievitava la denuncia dei redditi. Con la convinzione di essere così al di sopra della società civile e delle sue regole basilari da ritenere di non doverci nemmeno pagare le tasse. Finché la cosa venne pubblicamente denunciata, il Fisco intervenne e, da allora, almeno le tasse sui compensi stellari degli arbitrati quei giudici cominciarono a pagarle. Ma lo scandalo legalizzato continuò per anni e anni ancora.

Che cosa siano gli arbitrati lo dice la parola stessa. Due che litigano per questioni di affari affidano la soluzione della loro disputa a un arbitro, il quale si incarica di stabilire chi abbia ragione. Nella migliore delle ipotesi riesce anche a metterli d'accordo. Senza andare in tribunale e, ovviamente, dietro compenso. Per decenni le controversie fra le imprese di costruzioni private e gli enti pubblici appaltatori sono state risolte in questo modo. Con qualche particolare non trascurabile. I collegi arbitrali erano composti di regola da tre persone: una di fiducia del privato (di solito un avvocato), la seconda designata dall'ente pubblico (normalmente un funzionario statale) e la terza, più importante, nel ruolo di presidente, nominata di comune accordo fra le parti. Ed è questo l'aspetto più delicato della faccenda. Con il pretesto che le vecchie norme prevedevano la presenza di almeno un giudice nei collegi arbitrali, il presidente era di regola, nelle controversie più sostanziose, un consigliere di Stato. Ma solo formalmente scelto dalle parti. La regola non scritta, una prassi vecchia come il cucco, era diversa. Il presidente veniva indicato dal vertice del Consiglio di Stato, a rotazione in una fascia ristretta di consiglieri, in modo decrescente secondo l'influenza personale e l'anzianità di ognuno. Raramente toccava a qualcun altro, che poteva essere un potente avvocato dello Stato. E quando si arrivava all'ultimo di quel piccolo gruppo, si ricominciava daccapo. Qualche briciola della torta, come il posto di semplice componente del collegio, ogni tanto cadeva dalla tavola imbandita. E veniva lasciata ai meno anziani o alle reclute, giusto per fargli assaggiare lo zuccherino.

Questa forma di giustizia privata garantiva a chi era stato scelto per esercitarla incassi vertiginosi. Gli arbitri venivano retribuiti in percentuale sulle somme contese, e quei soldi si sommavano allo stipendio pubblico. Perché i consiglieri di Stato e gli altri funzionari pubblici che se li spartivano quando esercitavano quella forma di giustizia privata erano pagati a parte, come fossero professionisti o consulenti. E non dei magistrati già stipendiati, e anche profumatamente, dai contribuenti. Che l'andazzo fosse inaccettabile, era chiaro a tutti. Da un bel pezzo. Ma c'erano solidi argomenti pure per persuadere chi non ne fosse convinto. Sarebbe bastato ricordargli che il primo caso di corruzione al Consiglio di Stato era nato all'inizio del Novecento dagli arbitrati per la costruzione del Palazzo di Giustizia di Roma. Oppure mettergli sotto il naso i risultati degli arbitrati sul contenzioso per le opere pubbliche, dove la parte pubblica soccombeva nove volte su dieci nonostante i due terzi del collegio arbitrale fossero sempre composti da pubblici funzionari. Piuttosto curioso, no? Quando quella pratica stava lentamente tramontando, l'Autorità per la vigilanza sui contratti pubblici, allora presieduta dal futuro presidente della Corte dei conti Luigi Giampaolino, accertò che nei duecentosettantanove arbitrati svoltisi fra il 2005 e il 2007 lo Stato aveva vinto appena quindici volte. Nel 94,6 per cento dei casi la parte pubblica era stata sonoramente battuta, e aveva dovuto sborsare un supplemento di 715 milioni di euro alle imprese private. Cifra che sarebbe stata sufficiente a costruire il Passante di Mestre. Con una bella fetta, 50 milioni o giù di lì, finita nelle tasche degli arbitri.

Che fosse inaccettabile era chiaro ai politici, era chiaro ai governi di turno, era chiaro alle alte burocrazie. Era chiaro anche alla magistratura. Così chiaro che il Consiglio superiore aveva emanato espresso divieto di partecipazione a collegi arbitrali. Ai soli giudici ordinari, però. I magistrati amministrativi appartengono a un'altra parrocchia, e il loro organo di autogoverno non ci pensava proprio a chiudere quello scandaloso rubinetto. Che annaffiava generosamente anche le dichiarazioni dei redditi di chi avrebbe dovuto chiuderlo.

Arbitrato, mon amour

Un'inchiesta condotta nell'estate del 1996 insieme a Virginia Alimenti sul «Mondo», giornale erede del glorioso settimanale fondato nel 1949 da Mario Pannunzio, rivela uno scenario impressionante. In un solo anno, dalla fine del 1994 all'inizio del 1996, risultano impegnati in collegi arbitrali ben 80 consiglieri di Stato, fra cui 20 presidenti di sezione e due presidenti del Consiglio di Stato nelle persone di Giorgio Crisci e Aldo Quartulli. Quindici di loro cumulano anche incarichi di governo. Ci sono i capi di gabinetto del ministero del Bilancio Corrado Calabrò, della Funzione pubblica Antonio Catricalà, degli Italiani nel mondo Luciano Barra Caracciolo, delle Finanze Giancarlo Coraggio, delle Riforme istituzionali Gianfranco Ciaurro, delle Poste Giovanni Ruoppolo e dei Lavori pubblici Sergio Santoro. Ci sono i capi degli uffici legislativi dei Trasporti Riccardo Virgilio, del Tesoro Carlo Malinconico, delle Poste Paolo Numerico, della Funzione pubblica Filippo Patroni Griffi e dell'Ambiente Piermaria Piacentini. C'è anche il vicesegretario generale di Palazzo Chigi, Luigi Cossu. Soprattutto, ci sono cinque membri del Consiglio di presidenza, cioè dell'organo di autogoverno che distribuiva gli incarichi di arbitrato. Cinque: Emidio Frascione, Filippo Longo, Pier Giorgio Lignani, Claudio Varrone e Alfonso Quaranta. Uno stato di cose che potrebbe facilmente generare pericolose situazioni di conflitto d'interessi a testata multipla. Ma nessuno, evidentemente, ci fa caso quando si tratta di assegnare gli incarichi. In cinque anni Francesco Brignola, ex presidente del Tar Campania, ne ha ben ventotto. In gran parte arbitrati fra case di cura ed enti pubblici. Della Campania. Sergio Santoro è capo di gabinetto del ministero dei Lavori pubblici e arbitro in due collegi che oppongono imprese di costruzione a enti pubblici, un consorzio di bonifica e la Regione Lazio. Destino vorrà che Santoro, molti anni dopo, finisca alla presidenza dell'authority di Vigilanza sugli appalti pubblici.

La concentrazione degli incarichi tocca livelli impressionanti. Fra il 1991 e il 1992 vengono assegnati dal Consiglio di presidenza a ventiquattro magistrati arbitrati per un ammontare complessivo di 1052 miliardi di lire. Somma pari, trent'anni dopo, a un controvalore di circa 1 miliardo di euro. Ebbene, un terzo di questo importo, esattamente 353 miliardi di lire, è la cifra cumulata delle controversie arbitrali che si aggiudica un solo magistrato: Aldo Quartulli. Futuro presidente del Consiglio di Stato e autore di una formidabile battuta grondante doppi sensi: «Le sentenze sono la moglie, gli incarichi l'amante...».

Subito dietro, altri due consiglieri destinati alla presidenza dopo di lui: Carlo Anelli e Renato Laschena.

Anni d'oro. Anni in cui un consigliere di Stato del calibro di Pasquale de Lise che era stato capo di gabinetto del ministro del Tesoro Guido Carli nell'ultimo governo di Giulio Andreotti, può denunciare redditi stratosferici. Nel 1992 dichiara di aver guadagnato un miliardo e 93 milioni di lire. Di cui appena 245 milioni come stipendio da magistrato e ben 906 milioni frutto invece di «compensi da rapporti di collaborazione». Ovvero, arbitrati. Interpellato dal «Mondo», che ha pubblicato i suoi incarichi extragiudiziali, offre una spiegazione disarmante: «Nel rispetto della legge ognuno di noi ha la possibilità di svolgere, debitamente autorizzato, attività che non contrastano con la propria funzione di magistrato: insegnamento, partecipazione a commissioni di concorso, collaudi, arbitrati... Quando ero più giovane, per esempio, scrivevo libri noiosissimi. Arrotondavo così». E poi bonariamente s'indigna: «Del resto, se uno guadagna legittimamente qualche lira non può essere considerato un delinquente».

Qualche lira. Già...

L'ultima trincea

Il gioco è andato avanti finché è risultato sostenibile. Ancora nel 2008 il Consiglio di presidenza assegna all'*enfant prodige* del Consiglio di Stato, Luigi Carbone, in quel momento vicesegretario generale di Palazzo Chigi con Berlusconi al timone, un arbitrato da 536 milioni fra la Fiat e la Tav, che tre anni dopo passerà a Filippo Patroni Griffi. Ma di quella roba se ne vedrà sempre meno, anche perché a stroncare definitivamente quel mercato interviene la decisione che i compensi degli arbitrati devono essere riversati in un fondo comune. Si va avanti fino al 2013, poi tutto finisce. Ma non che nel frattempo non le abbiano provate tutte per salvare quella fonte inesauribile. Abolire gli arbitrati: lo promette solennemente, dopo quella inchiesta del «Mondo», il primo governo di Romano Prodi. Che però fa cilecca. Ci riprova allora dieci anni dopo, con lo stesso ministro, Antonio Di Pietro. Proprio lui, che da ministro in quel periodo è costretto a dare il via libera alla madre di tutti gli arbitrati, come vedremo fra poco. E forse quella è la molla che fa scattare la trappola. Nella finanziaria del 2008 ecco il divieto di inserire nei contratti d'appalto la clausola arbitrale. Le liti fra imprese e Stato, decreta il governo Prodi, vanno risolte davanti al giudice civile, che per amministrare la giustizia prende già lo stipendio. Basta con i 740 dei giudici amministrativi e degli avvocati dello Stato gonfiati a dismisura dagli arbitrati che poi, guarda caso, fanno perdere sempre i contribuenti. Di Pietro fa la faccia davvero feroce: il funzionario pubblico che infrange il divieto di mettere nei contratti d'appalto la clausola arbitrale va processato dalla Corte dei conti per danno erariale.

Il governo del quale fa parte ha però il fiato corto. E con il ritorno di Berlusconi la cosa è di nuovo in alto mare. Spunta perfino a novembre 2009 un decreto legislativo sfornato dalla presidenza del Consiglio, dove capo del dipartimento Affari giuridici è un consigliere di Stato, Claudio Zucchelli, che è di sicuro persona informata dei fatti. Le imprese che accetteranno la clausola arbitrale nei contratti saranno perfino favorite economicamente. Non bisogna forse rilanciare le opere pubbliche? La cronaca impone di ricordare che un anno prima, nel 2008, il capo dell'ufficio legislativo di Berlusconi partecipa a un arbitrato da 38 milioni fra Anas e Astaldi. Compenso del collegio, del quale oltre a Zucchelli fanno parte l'avvocato Berardino Libonati e un parlamentare in carica (il deputato del Pdl Giuseppe Consolo): 1 milione 455mila euro.

Ma ormai siamo al canto del cigno. Difficile dire quanto abbia contribuito alla fine degli arbitrati gestiti come lucrosissimo doppio lavoro da magistrati amministrativi e funzionari dello Stato la vicenda che stiamo per raccontare. Leggere però la ricostruzione che ne fa l'Autorità nazionale anticorruzione nella primavera del 2015, quando il ministero delle Infrastrutture è sull'orlo del baratro, dovendo sborsare una somma inimmaginabile, qualche dubbio lo suscita eccome.

L'incredibile caso Longarini

È una calda giornata di fine luglio 2006, venerdì 28. Di Pietro è arrivato al ministero delle Infrastrutture da un paio di mesi. Ha portato con sé come capo di gabinetto Vincenzo Fortunato, per quattordici anni giudice del Tar, che prima stava con Giulio Tremonti al ministero dell'Economia. E subito si trova sul tavolo la proposta di una «convenzione d'arbitrato in materia non contrattuale» che il ministero deve firmare con una sua vecchia conoscenza. Si tratta del costruttore marchigiano Edoardo Longarini, uno che ha creato un impero già a partire dai primi anni del Dopoguerra grazie a un rapporto di ferro con i notabili della Dc. Sono loro che grazie a una leggina del 1929 lo eleggono a concessionario unico per i lavori di ricostruzione di mezza Regione, da Ancona a Macerata. Arriva pure a prendere una mega concessione per Ariano Irpino. Una valanga di miliardi garantiti, senza mai fare una gara. Ha in mano i giornali, lo stadio, la squadra di calcio. Si porta appresso il nomignolo di «Al Cafone», ma lui ci ride sopra. Nessuno può fermarlo, nemmeno uno come l'ostinato deputato ulivista Eugenio Duca, che lo perseguita con interrogazioni parlamentari. Nessuno, tranne i giudici. Nel 1992 scoppia Tangentopoli e anche Longarini finisce nei guai. Il pubblico ministero di Ancona Vincenzo Luzi scopre con i suoi consulenti che i costi degli appalti sono lievitati fin del 300 per cento grazie anche a calcoli compiacenti, e lo accusano di truffa e corruzione. Il ministro dei Lavori pubblici Francesco Merloni gli revoca le concessioni. In primo grado è condannato a dieci anni di carcere, poi a tre anni e otto mesi in appello, e infine dopo cinque gradi di giudizio sopraggiunge la prescrizione. Lui però non molla, anche perché nel 1999 il Consiglio di Stato gli dà ragione sostenendo che il decreto di revoca delle sue concessioni è illegittimo. La ragione? Longarini non era stato avvertito. La questione si complica sempre di più finché nel 2005 la Corte d'appello di Roma condanna addirittura lo Stato a pagargli i danni. Finché, per risolvere questa incredibile disputa, incredibile perché non sarebbe mai dovuta cominciare, spunta «convenzione d'arbitrato in materia non contrattuale».

Il pacco è stato preparato con cura, poche settimane prima delle elezioni del 2006, dal governo Berlusconi che sta per lasciare il posto a quello di Prodi. Un decreto del febbraio 2006 stabilisce che si può ricorrere a un arbitrato anche quando l'intervento degli arbitri per dirimere un contrasto sorto fra l'impresa e la stazione appaltante non è espressamente previsto nei contratti d'appalti. Questo sarebbe appunto uno dei casi, anche se non si comprende fino in fondo perché il ministero delle Infrastrutture di Antonio Di Pietro si infili in una situazione del genere, e nemmeno avendo di fronte un'impresa. Perché la controparte è un signore che si chiama Edoardo Longarini, e accettare un arbitrato in tale situazione equivale ovviamente a un suicidio. Perché è l'implicita ammissione che un risarcimento sarebbe comunque dovuto. E questo mentre con Longarini lo Stato ha un contenzioso aperto davanti ai giudici di Perugia. Dove la Corte d'appello civile lo condannerà il 12 dicembre 2006 «al risarcimento dei danni patrimoniali e non patrimoniali in favore del ministero delle Infrastrutture e trasporti, danni da liquidarsi in separato giudizio», come riporta la meticolosa ricostruzione realizzata nell'aprile 2015 dal generale Francesco Carofiglio per l'Autorità nazionale anticorruzione di Raffaele Cantone.

Nonostante questa sentenza possa fermare il treno ormai in moto, nessuno preme il pedale del freno. Da allora si susseguono eventi semplicemente surreali, possibili solo in un Paese come l'Italia, nel quale il buonsenso latita sempre più spesso. Al ministero comunque qualcuno il buonsenso ancora ce l'ha. Il direttore generale Celestino Lops, sottolinea la ricostruzione del generale Carofiglio, si sente in dovere di avvertire che si sta facendo una grandissima fesseria. Ma il suo allarme cade nel vuoto. C'è una voglia dannata di fare quel maledetto arbitrato. E presto si capirà perché. Nei collegi arbitrali si alternano consiglieri di Stato, ex manager pubblici, avvocati dello Stato, professionisti di varia provenienza. A un certo punto si materializza anche un avvocato che diventerà il segretario dell'Italia dei Valori di Di Pietro. Ma la musica non cambia. Il 23 settembre 2009 Longarini chiede al collegio arbitrale che lo Stato sia condannato a risarcirlo per 1 miliardo 355 milioni. Sembra uno scherzo di cattivo gusto, invece è solo la premessa di un vero incubo. Ancora tre anni di schermaglie e a luglio 2012 gli arbitri sottoscrivono il lodo definitivo: lo Stato deve pagare al signor Edoardo Longarini 1 miliardo 201 milioni oltre agli interessi. Il totale può arrivare fino a 1,8 miliardi. Nel frattempo Longarini ha spedito un atto di pignoramento e il ministero gli ha già versato 250 milioni. E oltre al danno c'è anche la beffa: il compenso per gli arbitri, che ovviamente devono sborsare i contribuenti, è stabilito in 12 milioni. Oltre ai 600mila euro per le perizie e al milione 200mila per i segretari. Totale, quasi 14 milioni. Lo Stato è con le spalle al muro. La Corte d'appello di Roma rigetta tutti i ricorsi e la Banca d'Italia si prepara a pagare. Ma non ha neppure tutti i soldi che servono. Svuota i forzieri e riesce a raggranellare appena 821 milioni. L'ultima speranza è riposta nella Cassazione. Ma visto come sono andate le cose si può soltanto sperare in un miracolo. E il miracolo accade. Dopo un paio di rinvii la suprema Corte rinvia alla Corte d'appello che nell'agosto 2019 annulla la decisione degli arbitri. A maggio dell'anno seguente il Tribunale civile condanna Longarini a restituire i soldi che lo Stato gli aveva già versato.

Dall'arbitrato all'arbitratino

Finiti gli arbitrati, finita la festa, penseranno i lettori. Non è esatto. Il fiume carsico degli incarichi extragiudiziali, e non parliamo soltanto di quelli ministeriali, non si è mai fermato. Ha imboccato semmai altri percorsi, tracimando qua e là, formando ruscelli, creando torrenti magari non così impetuosi come un tempo facevano gli arbitrati, comunque di portata rispettabile. Forse non per l'aspetto economico, per quanto ci siano attività che ben poco hanno da invidiare ai redditi che generava quella forma di giustizia privata. Ma da altri punti di vista, certamente sì. Tanto per dirne una, la strada delle opere pubbliche ha ancora qualche spiraglio aperto. Si chiama «accordo bonario», ed è previsto dal vecchio Codice degli appalti licenziato all'inizio del 2006 dal terzo governo Berlusconi. C'è un articolo, il numero 240, nel quale è previsto che nel caso in cui il costo dell'opera aumenti di almeno il 10 per cento a causa di riserve avanzate dall'impresa, si possa giungere a un «accordo bonario» fra le parti. E chi dovrebbe gestire la trattativa? L'articolo 240 assegna questo compito a una «commissione» composta da tre persone: uno per parte e il terzo nominato di comune accordo, che deve fare il presidente. Se ne traccia anche il profilo, di questo presidente: «È nominato, in ogni caso, fra i magistrati amministrativi e contabili, tra gli avvocati dello Stato o i componenti del Consiglio superiore dei lavori pubblici, tra i dirigenti di prima fascia delle amministrazioni pubbliche...». Ma non è identico al vecchio collegio arbitrale mandato in pensione? Vero. Ma non è un arbitrato, si chiama infatti «accordo bonario». Al massimo, un «arbitratino». E poi, nel 2016 non è stato mandato in pensione anche il vecchio Codice degli appalti che prevedeva l'accordo bonario? Esatto. Allora perché si continuano a dare ai magistrati amministrativi incarichi di presidenza di quelle commissioni di similarbitrato? All'inizio del 2021, quattro anni e mezzo dopo l'introduzione del Codice degli appalti Renzi, che ha cancellato quello di Berlusconi, il Consiglio di presidenza della giustizia amministrativa dà il via libera al presidente di sezione del Consiglio di Stato Claudio Contessa come capo dell'ufficio legislativo del ministro della Transizione ecologica Roberto Cingolani. Lo stesso giorno lo autorizza a fare il «presidente nella procedura di accordo bonario ex articolo 240 del decreto legislativo 163/2006» per i lavori di una strada in Basilicata fra l'Anas e l'impresa Vittadello. Compenso: 45mila euro lordi annui. Identica autorizzazione, ma stavolta per una statale fra l'Umbria e il Lazio, viene concessa a Rosanna De Nictolis, presidente della sezione distaccata siciliana del Consiglio di Stato. Sei mesi prima un incarico «ex articolo 240» per la metropolitana di Roma tocca a Paolo Cirillo, presidente della seconda sezione del Consiglio di Stato. E un altro ancora a Claudio Contessa e sempre per una strada dell'Anas.

Va precisato che questi magistrati non si occupano dei giudizi sulle controversie fra enti pubblici e imprese di costruzioni. Ma oggettivamente qualcosa continua a non tornare. Perché, sia pure in forme diverse, gli arbitrati sopravvivono a ogni rovescio. Basta chiamarli con un altro nome. L'ultimo che hanno inventato è «collegio consultivo tecnico». È un organismo che deve essere costituito presso ogni stazione appaltante per opere pubbliche di importo superiore a 5 milioni 350mila euro. Lo stabilisce il decreto legge «Semplificazioni» del luglio 2020, con la motivazione che in questo modo si possono risolvere più facilmente le controversie con le imprese appaltatrici. Frutto di approfondite riflessioni negli uffici legislativi del governo, a cominciare da quello di Palazzo Chigi all'epoca ancora presidiato dal fedelissimo di Conte, il consigliere di Stato Ermanno De Francisco, il collegio è composto da tre (o cinque) persone. Fra cui un presidente scelto di comune accordo fra le parti: ruolo che sembra disegnato apposta per un magistrato amministrativo, proprio come i collegi arbitrali d'antan. Con la differenza, non da poco, che la costituzione di questi collegi è addirittura obbligatoria per gli appalti assegnati entro la fine del 2021. Esattamente il contrario di quanto deciso nel 2007 dal governo Prodi, quando per mettere fine al discutibilissimo andazzo la clausola arbitrale nei contratti pubblici fu dichiarata fuori legge. Ma era un'altra era geologica.

Al timone dell'Alitalia

Già non è facile per i comuni mortali comprendere perché la legge sulle imprese in amministrazione straordinaria abbia previsto l'esistenza di un «comitato di sorveglianza» oltre al commissario incaricato della gestione. Ma perché mai un consigliere di Stato o del Tar, oppure anche un magistrato ordinario, debba presiederlo, è un autentico mistero. Soprattutto considerando che i soldini versati al presidente per un'incombenza non troppo dissimile da una *sine cura*, li tira fuori un'azienda privata e dunque non si calcolano nel tetto della retribuzione pubblica. E poi non sono nemmeno così pochi, visto che alcuni gruppi industriali commissariati hanno numerose società controllate, così anche quelle danno diritto a un compenso: siccome la somma fa il totale, c'è chi se la passa decisamente meglio di altri. Senza considerare alcuni aspetti oggettivamente curiosi del meccanismo di distribuzione di quegli incarichi.

Dice un magistrato di lungo corso che ha attraversato tutti i mari procellosi dell'apparato: «Esiste una regola non scritta per cui la presidenza di un comitato di sorveglianza va di diritto al segretario generale della giustizia amministrativa. Anche se va detto che non sempre c'è una coincidenza temporale precisa fra la nomina a segretario e l'incarico extragiudiziale». Sarà vero? Mario Torsello, classe 1954, ha praticamente passato due decenni al governo. Prima in quello di Giuliano Amato, 1992. Poi in quello di Carlo Azeglio Ciampi, 1993. Poi con Romano Prodi e Massimo D'Alema. Poi con Silvio Berlusconi, da capo legislativo del ministro dei Beni culturali Giuliano Urbani. Poi di nuovo con Prodi, come capo di gabinetto del ministro per le Riforme Vannino Chiti. Poi ancora con Berlusconi, come capo dell'ufficio legislativo del ministro dei Beni culturali Sandro Bondi. Giusto il tempo per essere nominato il 1° luglio 2010 segretario generale della giustizia amministrativa e ricevere nel settembre successivo l'investitura a presidente di sezione del Consiglio di Stato, ed ecco una nuova avventura governativa con Mario Monti: capo di gabinetto del pluriministro dello Sviluppo e delle Infrastrutture Corrado Passera. Avventura finita il 28 aprile 2013 con lo sbarco di Enrico Letta a Palazzo Chigi e di Flavio Zanonato al ministero dello Sviluppo. Ma in certi ambienti le regole, anche quelle non scritte, vanno rispettate. Così dal ministero che Torsello ha appena lasciato, e dove al suo posto si è insediato il collega Goffredo Zaccardi, anch'egli dal 27 agosto 2013 presidente di sezione del Consiglio di Stato, arriva la nomina a capo del consiglio di sorveglianza di Impresa spa, una grande società di opere infrastrutturali commissariata. Durata: indeterminata. Compenso: 15mila euro l'anno per una riunione al mese. Torsello sarà poi investito una seconda volta della carica di segretario generale nel febbraio 2016.

Al suo successore Gabriele Carlotti è toccato invece il consiglio di sorveglianza dell'Alitalia nel 2017 ancor prima che diventasse segretario generale. Per la precisione la seconda delle due Alitalia commissariate. Ovvero, quella dei «patrioti» targati Berlusconi emersa nel 2009 e inabissata otto anni dopo. La prima Alitalia in amministrazione straordinaria, decisamente più interessante per il numero di società controllate, era già andata nel settembre 2016 a un altro consigliere di Stato: Giulio Castriota Scanderbeg. A ogni buon conto la presidenza del Consiglio di sorveglianza dell'Alitalia due, in questo caso di durata triennale, è stata rinnovata a Carlotti il 20 ottobre 2020, dal ministro a 5 Stelle Stefano Patuanelli.

L'elenco dei magistrati che nella loro carriera hanno presieduto imprese in crisi non si ferma certo qui. Contiene davvero alcuni fra i nomi più illustri della giustizia amministrativa. Corrado Calabrò, per esempio: presidente del comitato della Lucchini. E Giancarlo Coraggio, che del Consiglio di Stato è stato anche presidente prima di approdare alla Corte costituzionale e raggiungerne la presidenza. Gli era stato affidato il comitato di Tributi Italia. Oppure Gerardo Mastrandrea, presidente del comitato di sorveglianza della Ghizzoni, ditta che opera nel settore metanodotti. Compito che fa ridere, se paragonato al peso di ben altri incarichi extragiudiziali come quelli già visti di giudice sportivo della Lega Serie A, oltre che di coordinatore degli uffici legislativi del ministero dell'Economia. A contarle, tutte queste incombenze supplementari che gravano sulle spalle dei magistrati amministrativi, si resta increduli. Nel solo 2020 l'organo di autogoverno ne ha autorizzati centottantasei, a un ritmo di uno ogni due giorni, domeniche e feste comandate incluse. C'è chi riesce a sommarne anche tre o quattro contemporaneamente, di quegli incarichi. Tanto da domandarsi se per loro la giornata duri soltanto ventiquattr'ore.

Maledetta fotocopiatrice

Una riflessione tanto più giustificata se si entra nell'ambito decisamente più gettonato, quello della didattica. Che in teoria meriterebbe un discorso a parte. Davvero l'insegnamento può essere ritenuto completamente estraneo alla sfera d'azione di un magistrato? Non scherziamo. Chi può contribuire alla formazione di un giovanotto che voglia intraprendere una carriera nella giustizia meglio di un magistrato? Giusto che lo faccia un giudice, e non è neppure uno scandalo che venga pagato per trasferire sapere ed esperienza ai giovani. Ne può risultare culturalmente arricchito perfino il magistrato che insegna. Anche se non sempre l'arricchimento è solo culturale.

Intorno ad alcune figure di magistrato sono cresciute, con una progressione divenuta esponenziale soprattutto a partire dagli anni 2006 e 2007, fiorenti attività legate all'insegnamento. Società che organizzano corsi per chi vuole affrontare concorsi pubblici nelle materie giuridiche. Oltre a editare manuali, libri e dispense.

E c'è una ragione se il business comincia a decollare seriamente proprio in quegli anni. Anche in questo caso, come in passato per gli arbitrati, nella cerchia ristretta della magistratura amministrativa. In precedenza questo genere di formazione professionale privata era più che altro gestita dai magistrati ordinari. Scuole mitiche, come quella del consigliere di Cassazione Rocco Galli, nata alla fine degli anni Ottanta del secolo scorso, hanno sfornato generazioni di giudici. Ancora adesso la Rocco Galli srl, società di cui è proprietario l'ex magistrato napoletano, classe 1943, macina affari a pieno ritmo. Risulta dai bilanci: nel biennio 2018-2019 ben 535mila euro di utili netti su un fatturato di 932mila. Ma fino al 2007 era normale che i magistrati in servizio distribuissero sapere giuridico a pagamento nelle scuole di preparazione ai concorsi. Poi un bel giorno di fine luglio di quell'anno il Csm decide che la pacchia è finita. Ai giudici ordinari in servizio viene categoricamente vietata l'organizzazione delle scuole, nonché la partecipazione, «sotto qualsiasi forma e indipendentemente dalle caratteristiche dimensionali, alla gestione economica, organizzativa e scientifica delle stesse». Non bastasse, il divieto «inderogabile» riguarda anche l'insegnamento.

È l'onda lunga di una storia di quattro anni prima. Un piccolo scandalo involontariamente svelato da una macchina per fotocopie imbizzarrita. Che costa il posto a un magistrato di Napoli. Clotilde Renna è sostituto procuratore generale della Corte d'appello e incidentalmente consorte di un presidente del Tribunale civile. In quel momento fa parte di una commissione esaminatrice a un concorso per uditore giudiziario, al quale partecipa una sua pupilla. L'esito sarebbe dunque scontato. Invece Gabriella, questo il nome della candidata, è giudicata non idonea. La commissaria è comprensibilmente assalita dallo sconforto: non c'è più niente da fare, il verbale è stato già scritto, firmato e bollinato. Che fa, allora? Una follia. Nottetempo si introduce negli uffici dove sono custodite le prove del concorso, scova la busta di Gabriella e rimaneggia il compito aggiungendo alcuni fogli. Con l'idea che magari il ritocchino possa consentire di ribaltare la bocciatura della candidata a lei cara, magari facendo un ricorso al Tar. Ma qui, anziché ripulire le impronte e andarsene a gambe levate, commette un errore. Lì accanto c'è una fotocopiatrice, e la nostra commissaria non riesce a resistere alla tentazione. Prende i fogli che ha ficcato nella busta di Gabriella e li mette nella macchina. Per farla partire sa che deve utilizzare il codice a quattro cifre in dotazione a tutti i magistrati. Ma sarà per la stanchezza, l'agitazione o la fretta, fatto sta che invece di inserirlo nello spazio dedicato digita il codice al posto del numero di copie da stampare. Poi schiaccia il tasto. La fotocopiatrice parte e non si ferma più. La lotta con la macchina è estenuante. Ogni tentativo di farla smettere si rivela inutile. Poi, grazie a Dio, la carta finisce. A quel punto la commissaria se ne va carica di fotocopie inutili ma convinta di averla fatta franca, ormai stremata. Fosse stata più lucida avrebbe forse realizzato che le macchine moderne hanno una memoria. Così quando la mattina seguente il primo che deve fare una copia si accorge che la carta è finita e riempie il cassetto, la fotocopiatrice prende improvvisamente vita e ricomincia a stampare tutti quei fogli compromettenti esattamente da dove aveva interrotto la notte prima. Mettendo fine alla carriera di Clotilde Renna.

Il business delle scuole

Chiusa ai magistrati ordinari, la porta dell'attività didattica resta invece spalancata per i loro colleghi del Tar e del Consiglio di Stato, visto che a differenza del Csm l'organo di autogoverno dei giudici amministrativi si guarda bene dall'impedire quel genere di incarichi. E la legge dei vasi comunicanti fa il resto.

Nel maggio 2019 Nicola Lillo e Gianluca Paolucci hanno condotto per «La Stampa» un'inchiesta sul grande affare dei corsi di formazione, raccontando come i magistrati amministrativi siano sempre più coinvolti come direttori scientifici di scuole private. Dal Nord al Sud. A Torino, per esempio, ha sede la Ita srl che fa capo alla famiglia Gastaldi e gestisce il corso JusForYou, di cui è direttore scientifico il consigliere di Stato Roberto Giovagnoli. Invece fa base a Caserta Il Diritto srl, di proprietà dei due avvocati napoletani Salvatore e Valerio Desiderio, con direttore scientifico il giudice del Tar Maurizio Santise. L'affare è talmente appetitoso che pure case editrici note, quali per esempio Giuffrè e Maggioli, sono scese in campo.

Non mancano nemmeno i romantici, che considerano l'insegnamento alla stregua di una missione personale. Come il consigliere di Stato Luigi Maruotti, uno dei candidati alla Corte costituzionale. Per anni tiene corsi nella propria abitazione. Non gratis, s'intende. L'incasso (2018) arriva a 70mila euro lordi. Senza però rinunciare a un contributo filantropico: 10mila euro devoluti ogni anno da quell'incasso a un fondo per le borse di studio dei figli dei magistrati. Lodevole, il consigliere Maruotti. Così assorbito da questo impegno che quando presenta domanda per la guida del Tar Campania, la vuole condizionare alla possibilità di non rinunciare all'insegnamento. E non avendo su questo fronte una garanzia precisa dall'organo di autogoverno, la ritira.

La verità è che quasi nessuno, al Consiglio di Stato, sa rinunciare all'idea di mettersi alla prova pure come insegnante. Chi in una scuola privata, chi in un corso universitario. Il presidente aggiunto del Consiglio Franco Frattini ha messo per esempio a frutto gli anni trascorsi alla Farnesina e a Bruxelles insegnando per 312 euro l'ora scenari geopolitici alla Luiss. Ma anche «relazioni internazionali e aree di crisi», stavolta in lingua inglese e per 650 euro l'ora, alla Link Campus University. È l'ateneo fondato e presieduto per vent'anni dall'ex ministro democristiano Vincenzo Scotti, da cui il Movimento 5 Stelle ha attinto figure di rilievo, qual è stata per esempio la ministra della Difesa del primo governo Conte, Elisabetta Trenta. Nel 2020 la proprietà è passata di mano: ha comprato tutto la famiglia di Francesco Polidori, fondatore del Cepu.

In un solo anno l'organo di autogoverno ha distribuito ottantatré incarichi di docenza a decine di magistrati. Con tariffe che possono variare enormemente. Per un'ora di lezione Carmine Volpe prende 50 euro dall'università Aldo Moro di Bari. Mentre Alfredo Allegretta ne incassa 100 dalla società barese Isform

& Consulting. E Marco Lipari arriva a 400, pagati dalla Dike Giuridica Editrice. Ma il giudice del Tar Maurizio Santise arriva fino a 606 euro, all'istituto Suor Orsola Benincasa di Napoli. Invece ogni lezione impartita a chi segue il suo corso di preparazione postuniversitaria ai concorsi in magistratura presso la società Giappichelli Formazione frutta al consigliere di Stato Vincenzo Lopilato la rispettabile somma di 1000 euro.

Sindrome barese

L'epicentro delle scuole di formazione è in Puglia, fra Bari e il circondario. Prendiamo la storia della Dike Giuridica Editrice. Tutto comincia l'11 dicembre 2006, quando una giovane e intraprendente signora barese, Sandra Della Valle, va dal notaio per costituire una società, la Dea immobiliare. Quel nome però sopravvive pochi mesi. Il 24 maggio 2007, infatti, Sandra Della Valle ci ripensa. Si reca da un altro notaio, questa volta a Palombara Sabina, nei pressi di Roma, e cambia tutto. La sua società non si chiama più Dea immobiliare bensì Ildirittopericoncorsi.it. E non si occupa di case e terreni ma di corsi di formazione per i concorsi pubblici che deve sostenere chi vuole fare, per esempio, il magistrato. Una metamorfosi assolutamente singolare, dettata da chissà che cosa. Ma contestualmente alla modifica della denominazione sociale e dello statuto arriva anche un secondo azionista, che rileva l'1 per cento. Si tratta di Nicola Campione. E il suo ruolo, come presto vedremo, non è affatto simbolico come la quota appena acquistata.

Ancora pochi mesi e l'irrequieta imprenditrice Sandra Della Valle torna dal medesimo notaio di Palombara Sabina per cambiare di nuovo il nome della società. Che il 4 febbraio 2008 viene così battezzata con il nome, si spera definitivo, di Dike Giuridica Editrice. Scopo sociale: «Pubblicazione e commercializzazione di opere prevalentemente in materia economico-giuridica» e «l'organizzazione di corsi per la preparazione a esami universitari e concorsi statali».

Il rapporto d'affari fra la signora Della Valle e Nicola Campione prosegue per anni evidentemente in modo prolifico, se il 4 dicembre 2017 i due costituiscono un'altra società, stavolta in accomandita. Si chiama Training & Law di Nicola Campione sas. Oggetto, la «formazione professionale, nonché la preparazione a esami universitari e concorsi pubblici» e «la pubblicazione di opere editoriali prevalentemente in materie economico-giuridiche». Praticamente la fotocopia dello statuto Dike. E stavolta compare anche un terzo socio, appena diciottenne: Antonio Caringella, il figlio di Sandra Della Valle e di suo marito Francesco Caringella. Proprio lui. Perché la proprietaria della società Dike nonché socia dell'attivissimo Campione è la consorte di uno dei consiglieri di Stato più noti e stimati nel circuito della magistratura amministrativa. Francesco Caringella, nato, come la moglie, a Bari, è dal 1998 al Consiglio di Stato, dove ha scalato i gradini più impervi raggiungendo l'invidiabile posizione di presidente di sezione. È stato anche commissario di polizia, per non parlare di quando a Milano, durante la stagione di Mani pulite, faceva il magistrato penale. La sua esperienza è ciclopica. Ha un curriculum che espone più di ottanta pubblicazioni didattiche, cinquantacinque delle quali edite dalla società Dike di cui è proprietaria sua moglie. Senza dire della prosa. Oltre ai manuali di diritto, Caringella scrive pure romanzi. Ispirati a vicende giudiziarie. L'ultimo s'intitola *Oltre ogni ragionevole dubbio*, un «legal thriller», come viene definito dall'editore Mondadori, che radiografa il travaglio dei giurati durante un processo in Corte d'assise per omicidio.

Così, per onorare tanta vocazione alla condivisione del sapere, Caringella è diventato fra i consiglieri di Stato una specie di recordman degli incarichi «extragiudiziali» di insegnamento. A dire la verità ha fatto anche una puntatina nel mondo degli arbitrati, come presidente del collegio che doveva decidere la controversia da 15 milioni fra la Fiat e la Tav. Ma niente al confronto dell'attività didattica, regolarmente autorizzata dal Csm del Consiglio di Stato: in una decina d'anni ha superato agevolmente 300mila euro di compensi per le sue lezioni. Pagate anche 800 euro l'una. Dal 2008 ha collezionato quasi una ventina di incarichi, tutti in società private di corsi di formazione e preparazione per concorsi da magistrato o esperto giuridico. Legate, all'apparenza, da uno stesso filo rosso barese. Nella lista non poteva mancare la Dike di sua moglie, presso cui il Consiglio di giustizia amministrativa lo ha autorizzato nel 2019 a tenere un corso che gli ha fruttato 60mila euro lordi. Poi c'è l'Accademia Juris Diritto Per Concorsi, una srl di Bari di proprietà del barese Carlo Giampaolo. Ha un indirizzo di posta elettronica certificata curiosamente identico alla penultima denominazione sociale assunta dalla Dike: ildirittopericoncorsi@pec.it. Talmente identico che assai difficilmente ci può essere un caso di omonimia.

Soprattutto ci sono la Lexfor e la Corsolexfor, da cui Caringella ha avuto una dozzina di incarichi di docenza. Si tratta di società che fanno capo al socio della consorte, Nicola Campione, barese, classe 1964: il quale risulta in entrambe azionista di minoranza con altri due soci baresi, ma è amministratore unico. E qui lo scenario si allarga fino a inquadrare una rete solida e collaudata. Intanto a luglio 2021 il 90 per cento della Lexfor viene ceduto al barese Giampaolo, titolare come abbiamo visto dell'Accademia Juris, mentre il restante 10 per cento è sempre nelle mani di Campione.

Per la serie poi «le coincidenze non esistono», la Corsolexfor di Campione, socio della moglie di Caringella, ha sede a Molfetta, trenta chilometri da Bari. E in via San Francesco d'Assisi al numero 51. Dove si trova una sorpresa. Lo stesso indirizzo ospita anche tre società operative nello stesso campo dei corsi di formazione per esami e concorsi pubblici e dell'editoria giuridica. Neldiritto Editore srl, Nld Concorsi e Omniaforma sas, queste le tre sigle, hanno anche la medesima proprietaria originaria di Bisceglie, altra città sempre vicino a Bari: Maria Elena Mancini. Un'altra moglie. Maria Elena Mancini è infatti la consorte di Roberto Garofoli. Consigliere di Stato fra i più conosciuti e influenti, già capo di gabinetto del ministro della Pubblica amministrazione e poi presidente del Consiglio di Stato Filippo Patroni Griffi, nonché dei ministri dell'Economia Pier Carlo Padoan e Giovanni Tria. Fino all'incarico più prestigioso e politico: sottosegretario alla presidenza del Consiglio, braccio destro del capo del governo Mario Draghi. Garofoli, pugliese di Taranto, mostra una tale passione per l'insegnamento al punto da tallonare da vicino per numero di incarichi «extragiudiziali» didattici autorizzati il suo collega e amico Caringella. Un paio li ha svolti presso la società Neldiritto di sua moglie Maria Elena Mancini. Ma la stragrande maggioranza commissionati sempre da Lexfor e Corsolexfor di Nicola Campione: talvolta in parallelo con Caringella.

Ed è difficile che due magistrati con questo impressionante profilo accademico non siano coinvolti nei comitati scientifici di strutture didattiche. Caringella è insieme ad altri suoi colleghi consiglieri di Stato, quali Giovanni Grasso, Gianluca Rovelli e Alfredo Storto, in quello di Obiettivo magistrato, programma di formazione della Dike. Garofoli è invece il direttore scientifico di LexCampus, che rappresenta, secondo il sito internet, «una delle realtà più prestigiose nel panorama dell'alta formazione giuridica. Le ragioni di tale successo sono da rinvenire non solo nell'elevatissima percentuale di promozioni dei nostri corsisti in sede d'esame, ma soprattutto nella capacità di sviluppare nei candidati le attitudini richieste per il superamento delle specifiche prove di concorso». LexCampus fa capo alla Paragrafodue, nata il 19 settembre 2019, con sede ad Andria, una cinquantina di chilometri da Bari. Da questa società ha avuto un incarico di insegnamento anche Garofoli, che ne ha devoluto in beneficenza il compenso. Proprietario è Pantaleo Mezzina, classe 1977, di Molfetta.

E spunta anche Bellomo

Che cosa ci dev'essere a Bari, e nei centri limitrofi, che attiri tante intelligenze giuridiche, insieme a fatturati altrettanto imponenti? Dove ti giri, ecco una società o un'associazione che organizza corsi di formazione per magistrati e avvocati, e mai in perdita. Una a caso. Da quando è nata, nel 2014, la barese Isform & Consulting dei coniugi baresi Giuseppe Diretto e Teresa Neglia ha registrato incassi per oltre un milione con utili netti per 213mila euro. Mica male. Nel solo 2020, l'anno orribile della pandemia di Covid-19, ha fatturato 235mila euro raggranellando profitti per oltre 66mila. Il 28 per cento.

Francesco Bellomo ha fatto pure di meglio, se è

per questo. È siciliano, di Agrigento, ma anche la sua società Diritto e Scienza, della quale a lungo figura come semplice direttore scientifico, ha il quartier generale a Bari.

Davvero una semplice coincidenza, in questo caso. Lui e i suoi affari non fanno parte della galassia che abbiamo descritto. Il consigliere di Stato Bellomo, per giunta, non è diventato famoso per aver scritto romanzi di successo o essere entrato nella stanza dei bottoni come i suoi ex colleghi. Purtroppo per lui lo è diventato a causa di una vicenda che ha fatto sui giornali un rumore del quale sinceramente non si sentiva il bisogno.

Tutto nasce da una giovane donna che frequenta il corso di formazione organizzato dalla società di cui è direttore scientifico. È lei che denuncia come alle allieve venisse imposto un *dress code* a base di minigonne e tacchi a spillo, con la pretesa ulteriore di obbedienza cieca alle direttive di Bellomo. La storia fa un tale rumore che il Consiglio di Stato non aspetta nemmeno l'esito del procedimento penale a suo carico, e il 10 gennaio 2018 lo dichiara decaduto. Resta il dubbio su come sarebbe andata a finire se l'organo di autogoverno avesse deciso di attendere la conclusione del processo. A novembre 2020, infatti, il Tribunale di Piacenza assolve Bellomo per insufficienza di prove. E non procede per l'accusa di stalking perché la sua accusatrice ha ritirato la querela. Se possibile l'assoluzione fa più scalpore ancora della vicenda in sé. Ma è del tutto comprensibile.

Torniamo però a Bari. La ragione per cui Diritto e Scienza ha sede nel capoluogo pugliese è dovuta forse al fatto che il pacchetto di maggioranza, quando nel 2008 fu costituita, apparteneva all'avvocato barese Andrea Irno Consalvo. La socia di minoranza Marika Miglioranza, anch'ella legale, era nata a Luino, in provincia di Varese, e veniva da Milano. «la Repubblica» ha raccontato che il Pio Albergo Trivulzio le ha affidato un compito di responsabilità come la presidenza del comitato di garanzia che deve vigilare, fra l'altro, sulle discriminazioni di tipo sessuale. E il destino beffardo vuole che proprio la società di cui è azionista venga investita da uno scandalo sessista. Dopo quella storia l'avvocato Consalvo ha rotto il sodalizio con l'ex consigliere di Stato. Il 31 luglio 2018 ha ceduto la propria quota dell'85 per cento all'ex magistrato Bellomo «anche in relazione», c'è scritto nel verbale, «alle vicende mediatiche e giudiziarie che l'hanno coinvolta a decorrere dalla fine del 2017, all'incertezza della redditività futura e ai possibili contenziosi che possono coinvolgerla».

Prezzo della vendita: 400mila euro. Un sacco di soldi, che Bellomo non deve aver sborsato malvolentieri. Perché quella società vale un sacco di soldi, al netto delle eventuali ripercussioni causate dalla storiaccia. Che qualche segno deve averlo lasciato se nel 2020 Diritto e Scienza ha chiuso il bilancio per la prima volta in perdita per ben 103mila euro, a causa del fatturato crollato in dodici mesi da 540.272 a 61.510 euro. Un calo di quasi il 90 per cento. Ancora più bruciante considerando che fra il 2008 e il 2019 i ricavi avevano sfiorato gli 8 milioni con utili netti per la bellezza di 2,8 milioni: un rendimento del 35 per cento sul fatturato. Ma non c'è affatto da stupirsi per simili performance, se si fanno i conti dello spettacolare giro d'affari della selva di società di formazione dal pedigree barese (una decina) che ruotano intorno alle figure di alcuni magistrati. Tutte o quasi diventate operative, appunto, a cavallo del 2007-2008, quando è iniziato il boom delle scuole private per i concorsi di giustizia. Da allora e fino alla fine del 2019, secondo quanto è stato possibile calcolare, hanno incassato 66,1 milioni. Con utili netti per 7,8 milioni. Il tutto ampiamente per difetto perché i bilanci delle società in accomandita semplice non sono reperibili nelle banche dati delle imprese di capitali. Il solo fatturato delle due srl di Maria Elena Mancini, la moglie di Garofoli, ha quasi raggiunto 30 milioni: 29 milioni 937mila euro. E gli utili netti sono ammontati a 2 milioni 248mila euro. La Dike di Sandra Della Valle, moglie di Caringella, ha registrato un giro d'affari di 14 milioni 251mila euro, per 410.444 euro di utili netti. Nel 2019 Sandra Della Valle ha poi venduto la propria quota, allora del 94 per cento, all'avvocato di Bari Marco Giustiniani per 115mila euro. Nei soli anni successivi al 2015, quando Corsolexfor e Lexfor hanno abbandonato lo status di accomandite per trasformarsi in srl, le attività di Nicola Campione e degli altri azionisti hanno sommato ricavi pari a 7 milioni 513mila euro, e profitti netti per 1 milione 684mila euro. Ancora. Alla Accademia Juris, società di Carlo Giampaolo, i corsi hanno fruttato 622mila euro di utili netti, su un fatturato di 6 milioni e mezzo.

E poi dicono che in Italia la giustizia non funziona.

12

L'infezione da curare

Il paradosso dell'autoreferenzialità

La giustizia italiana ha un problema grande come una casa e fa finta di non vederlo. Anche se genera tutti i mali che affliggono il sistema. La lunghezza dei processi penali e civili, le nomine pilotate dalle correnti, il degrado della qualità professionale dei magistrati. Per non parlare della corruzione.

L'autoreferenzialità, è questo il problema, ha infettato in profondità tutte le magistrature mortificando l'efficienza e il merito. Con il paradosso che è la degenerazione di un principio sano, quello della separazione dei poteri e dell'autonomia dei magistrati.

Nei decenni trascorsi dalla Costituzione del 1948 a oggi, non sempre questo principio è stato interpretato nel modo corretto. Già il meccanismo per cui i giudici promuovono e nominano sé stessi, oltre a giudicare sé stessi nei provvedimenti disciplinari, se non applicato con cautela, imparzialità e indipendenza come avviene ora in un sistema dominato da correnti legate alla politica, può avere esiti devastanti. Figuriamoci i possibili effetti in un pezzo di magistratura come quella amministrativa, dove non esistono correnti per un evidente limite fisico ma l'influenza della politica è ancora più diretta. E soprattutto proprio per quel limite fisico (i magistrati sono meno di 500 contro i 9657 della giustizia ordinaria) si conoscono tutti.

Un consigliere di Stato assume incarichi ministeriali, ma anche politici, con l'autorizzazione dei suoi colleghi. Se ritiene di essere stato penalizzato in un percorso di carriera o ingiustamente colpito da un provvedimento disciplinare deciso da altri consiglieri di Stato può ricorrere al Tar Lazio. Tribunale del quale magari è già stato o presto sarà presidente. E se va male con i suoi colleghi del Tar farà appello al Consiglio di Stato. Assurdo. Siamo sicuri che una cosa del genere garantisca l'etica e l'imparzialità della magistratura più importante per il funzionamento dell'apparato statale e dell'economia?

Ma il Consiglio di Stato ha anche un potere rilevante sui 9657 magistrati ordinari. Come tutti i dipendenti pubblici, per i ricorsi contro l'amministrazione statale devono rivolgersi alla magistratura amministrativa. Anche se l'amministrazione in questione è il Csm. Capita così che dopo la battaglia al Consiglio superiore della magistratura per decidere il capo della Procura di Roma, che ha fatto scoppiare il caso di Luca Palamara, il Tar prima e il Consiglio di Stato poi sentenzino che la nomina di Michele Prestipino è illegittima. E per la stessa ragione, solo per citare un altro caso, facciano decadere Lucia Musti, in seguito a un ricorso del pm di Rimini Paolo Giovagnoli, dall'incarico di capo della Procura di Modena.

La vicenda forse più clamorosa, tuttavia, è quella che a gennaio 2021 racconta sul «Corriere della Sera» Luigi Ferrarella, uno dei più bravi giornalisti che seguono le cronache giudiziarie. Il Consiglio di Stato cancella le sei nomine di altrettanti magistrati ordinari alla Scuola superiore della magistratura decise in precedenza dal Csm. E potrebbe sembrare una sentenza come tante altre, se non fosse per le motivazioni. Che confermano come certe scelte del Consiglio superiore della magistratura siano dettate dalle correnti, anziché dalle competenze e dalla qualità dei candidati. Scelte fatte, in questa circostanza, dopo che la bomba Palamara era già esplosa. La Scuola superiore della magistratura costa 14 milioni l'anno ma è una struttura di importanza cruciale. Gestisce infatti, oltre ai tirocini, la formazione continua dei giudici: «In parte obbligatoria» come spiega Ferrarella, «per gli avanzamenti di carriera». Il direttivo è composto da 12 persone, sei magistrati e un professore nominati dal Csm e i rimanenti dal ministero della Giustizia.

A dicembre 2019, quando da cinque mesi Palamara è sospeso dalle funzioni e dallo stipendio, il Consiglio superiore sforna i nomi dei sei magistrati. Ma uno degli esclusi, Gabriele Positano, sostiene che i suoi titoli sono stati ridimensionati ad arte. E con l'avvocato Gianluigi Pellegrino presenta il fatidico ricorso al Tar. Si arriva in appello e il verdetto del Consiglio di Stato è categorico. Non soltanto Positano ha ragione sulla errata valutazione dei titoli, ma la vicenda è anche la dimostrazione di una linea di condotta del Csm assolutamente discrezionale che quindi c'entra assai poco con «canoni di trasparenza, verificabilità, idoneità e razionalità». La spiegazione di tale comportamento, del resto, è già nella premessa. Le nomine vengono precedute da una richiesta formale a presentare candidature. Nella quale il Csm avverte che l'obiettivo della selezione è quello di garantire che i nominati nel direttivo della scuola siano in grado di interpretare «le variegate esigenze di formazione dei magistrati» nonché rappresentare «un equilibrio fra le diverse istanze provenienti dall'esercizio della giurisdizione su tutto il territorio nazionale». Le «diverse istanze»? Di cosa parliamo, forse della necessità di preservare i rapporti fra le correnti? Anche nella Scuola? Non esiste. Il Consiglio di Stato ricorda che il Csm «non è organo politico ma organo di alta amministrazione di rilievo costituzionale». Di conseguenza le sue nomine non possono essere fatte *intuitu personae*, come le farebbe la politica. Firmato: Giuseppe Severini, presidente della quinta sezione.

Serve un'Alta corte di giustizia?

La sentenza di Palazzo Spada che annulla la nomina di Prestipino a capo della Procura della capitale fa uscire allo scoperto Luciano Violante. «L'intensificarsi dei ricorsi contro le decisioni del Csm pone il problema se a giudicare debba essere la magistratura amministrativa» dice il 12 maggio 2021 l'ex presidente della Camera, in un'intervista a Luciano Capone del «Foglio». A Violante, che prima di scegliere la strada della politica ha fatto il magistrato per diciassette anni, preoccupa il rischio che «la magistratura amministrativa diventi il soggetto che, al di là della Costituzione, decide delle promozioni e delle sanzioni dei magistrati». Al di là della Costituzione. Vero. Ma questo può accadere perché, «al di là della Costituzione», l'autonomia della magistratura così com'era stata concepita ha mostrato tutti i suoi limiti, fino ad assumere pian piano connotati diversi. Resta comunque il fatto, insiste Violante, che arrivati a questo punto qualcosa bisogna fare. «Credo si debba costituire un'Alta corte composta da personalità con le stesse caratteristiche dei componenti della Corte costituzionale, che sia giudice di appello nei confronti delle decisioni disciplinari e amministrative del Csm, del Consiglio di presidenza della giustizia amministrativa e di quella contabile. Insomma, una Corte per il ricorso di grado unico sulle decisioni degli organi di autogoverno di tutte le magistrature.»

E qui l'ex presidente della Camera è evidentemente d'accordo con Severini, che nel ricorso contro la nomina di Frattini, sviscerato a fondo nelle pagine precedenti, ha posto la questione chiedendo l'intervento della Consulta. «Ora discutiamo della nomina alla Procura di Roma» risponde a Capone che gli domanda se la faccenda dei ricorsi riguardi anche altre magistrature «ma ci sono altri aspetti che rendono discutibile l'attuale sistema: nei confronti di tutte le decisioni del Consiglio di presidenza della giustizia amministrativa si può ricorrere ai Tar che però sono subordinati al suddetto Consiglio. È una contraddizione persino troppo evidente per essere sottolineata.» Il fatto è, conclude Violante, che «c'è stato negli ultimi anni un mutamento dei costumi», e questo «ci costringe a una nuova norma costituzionale».

Ottimo. Ma chi prenderà l'iniziativa? E la politica, debole e influenzata com'è dalle alte burocrazie, avrà la forza (ma ancor più il coraggio) di far saltare l'ingranaggio che ha messo in cassaforte il loro enorme potere?

In effetti un'iniziativa concreta c'è. Un disegno di legge costituzionale che porta la firma di Giusi Bartolozzi, deputata di Forza Italia fuoriuscita dal gruppo berlusconiano nell'estate del 2021 in dissenso con il suo gruppo su alcuni aspetti della riforma della giustizia. A dimostrazione del fatto che è argomento così divisivo da causare dissensi anche in un partito politico tanto apparentemente granitico sul tema. L'onorevole Bartolozzi, incidentalmente consorte del vicepresidente della Regione siciliana Gaetano Armao, è magistrato in aspettativa alla Corte d'appello di Roma. Convinta che si debba istituire al più presto una commissione d'inchiesta sulla vicenda di Luca Palamara, che fatalmente potrebbe però prendere la piega di un'inchiesta sulla magistratura, al punto da dare vita a una maratona alla Camera, il 14 aprile 2021. Ma la sua personale battaglia non si ferma lì. L'8 ottobre 2020 presenta una proposta di legge costituzionale per istituire un'«Alta corte di giustizia della magistratura». Che assomiglia nella denominazione all'organismo pensato da Violante. Forse però solo in quella. L'Alta corte di Giusi Bartolozzi avrebbe le funzioni di un tribunale per i procedimenti disciplinari che riguardano i magistrati. E fin qui la cosa potrebbe magari avere un significato, salvo il fatto che riguarda solo la giustizia ordinaria, sorvolando del tutto sulla magistratura amministrativa. Dov'è che la proposta lascia perplessi, invece, è nella composizione del tribunale. Che dovrebbe essere formato da nove membri, dei quali tre designati dal presidente della Repubblica e gli altri sei dal Parlamento in seduta comune. È precisato che dell'Alta corte «possono essere membri coloro che hanno rivestito le funzioni di giudice costituzionale, di componente della Corte di giustizia dell'Unione europea e di avvocato generale presso la stessa Corte di giustizia, nonché i magistrati a riposo delle giurisdizioni superiori, i professori ordinari di università in materie giuridiche con almeno venti anni nel ruolo e gli avvocati dopo venti anni di esercizio effettivo». E ci mancherebbe altro che venisse ammesso chi non ha mai aperto un libro di diritto. Ma questo non garantisce che sia al riparo dall'ingerenza dei partiti. Tutt'altro. Una Corte simile consegnerebbe anzi l'intera magistratura al controllo della politica, se non addirittura della maggioranza di governo in Parlamento, che potrebbe decidere a proprio piacimento sanzioni e trasferimenti a carico dei magistrati scomodi per il potere.

Binario morto

La proposta di Giusi Bartolozzi giace dall'8 ottobre 2020 alla Camera. Boccheggia nelle commissioni al pari degli svariati disegni di legge grazie ai quali verrebbero introdotti limiti più o meno seri al rientro nelle procure o nei tribunali dei giudici che hanno scelto la strada della politica. Prova provata dell'incapacità dei partiti di piantare qualche paletto per rendere meno agevole il passaggio dei magistrati attraverso le porte girevoli del Palazzo. Abbiamo visto che fine ha fatto la legge Casson. Né la legislatura successiva iniziata nel 2018, che ha ereditato quel fallimento, mostra di essere più reattiva.

Boccheggia insieme a quella riforma immaginata dal secondo governo dell'avvocato Giuseppe Conte e studiata dal suo ministro della Giustizia, l'avvocato Alfonso Bonafede. Riforma che si prefigge di combattere l'influenza delle correnti nella magistratura e la lottizzazione dei membri laici nel Csm con uno stratagemma tanto elementare quanto discutibile: le nomine per sorteggio. Come se la dea bendata potesse garantire indipendenza, imparzialità e competenza...

Boccheggia alla Camera anche il disegno di legge predisposto il 12 settembre 2018 dalla deputata del Movimento 5 Stelle Fabiana Dadone, che un anno più tardi sarà ministra della Pubblica amministrazione nel secondo governo Conte. Stabilisce l'esclusione dal meccanismo delle valutazioni quadriennali dei magistrati che ricoprano cariche elettive. Si tratta di quella norma, di cui si è già parlato nelle pagine precedenti, introdotta nel 2007 che consente progressioni di carriera anche ai giudici che occupano un seggio in Parlamento o nei consigli regionali grazie al fatto di essere sottoposti come tutti i loro colleghi in servizio a una valutazione di merito ogni quattro anni. Valutazione professionale, ovviamente, senza senso per chi sta facendo un altro lavoro. Per Fabiana Dadone l'esclusione non dovrebbe riguardare soltanto i magistrati di ogni ordine e grado eletti alle Camere, al Parlamento europeo e nei consigli regionali; ma anche quelli che siedono nei consigli dei Comuni con più di 15mila abitanti e che ricoprono incarichi di governo nazionale, regionale o cittadino sempre nei Comuni che oltrepassano quella soglia di residenti. Una proposta squassante. La Camera inizierà l'esame della legge in commissione soltanto il 20 ottobre 2020, a due anni e rotti dalla sua presentazione, e in concomitanza con un'altra dozzina di proposte. Una specie di affollatissimo binario morto. Lo stesso dove si schiantano tutte le leggi che toccano le assurdità del sistema giudiziario, le follie dei conflitti d'interessi e i privilegi dei magistrati. Diecimila persone, in un Paese di sessanta milioni di abitanti che avrebbero bisogno di una giustizia onesta e funzionante. Ma continuando in questo modo le cose non cambieranno mai. Che tristezza.

Indice

Finito di stampare nel mese di dicembre 2021
per conto di RCS MediaGroup S.p.A.
da Grafica Veneta S.p.A., Trebaseleghe (PD)
Printed in Italy